最新版 図解

「届け出」だけでお金がもらえる制度一覧

特定社会保険労務士
小泉正典［監修］

三笠書房

はじめに

知ると知らないとでは大違い！不安定な時代を生き抜くセーフティネット

「医療費助成」「出産手当」「就学援助」「介護保険」「住宅ローン減税」「失業給付」「納税猶予」「休業手当」「生活困窮者自立支援」……

新型コロナウイルス感染症の支援策をはじめ

日本の社会保障制度には、申請すればもらえる給付金・助成金がたくさんあります。

しかし、これらは利用したい人が「届け出」を出して、初めてサービスを受けられます。

つまり、どんなに充実した制度があっても、知らないと使えません。

本書は、「届け出」一つで簡単に利用できる制度をまとめました。

今ある危機を乗り越え、より充実した人生を送るために――。

ぜひ本書をお役立てください。

特定社会保険労務士　**小泉正典**

もくじ

第1章 働く・収入

第2章 年金・保険・相続

第4章 出産・子育て

第5章 住宅・暮らし

※本書は、２０２０年６月１日現在の政府発表、法律、制度などの情報に基づき編集しています。記載の内容は状況に応じて更新・変更される可能性がありますので、最新の情報は当該機関や市区町村の窓口・ウェブサイトなどでご確認ください。

■編集協力
入江佳代子、神田賢人
■本文イラストレーション
阿部千香子
■図版製作・本文ＤＴＰ
ユーホーワークス

特集

新型コロナ感染症緊急支援策

失業給付・未払賃金立替払・休業手当

勤務先がコロナ倒産！失業給付を受けるには？

失業後、再就職するまでの収入源を確保するには**失業給付**の申請が必須です。**離職の日以前の2年間に被保険者期間が通算して12カ月以上あり、再就職に積極的な意思**を示すことで、失業給付金が支給されます。

給付を受けるためには、まず**失業給付金の受給資格**の決定を得ましょう。自己都合退職の場合は約4カ月後ですが、会社都合による退職の場合なら**約1カ月後**から失業給付金を受け取ることができ、会社倒産も会社都合に含まれます。

このほかに、失業給付が受給できない場合などでもハローワークの指示で職業訓練を受け、一定の要件を満たせば**職業訓練受講給付金として月10万円**が支給されます。

賃金未払いのまま企業が倒産した場合は、労働基準監督署などを通じて労働者健康安全機構が**2万円以上の未払い賃金の80%を立替払い（限度額有り）**してくれます。

緊急事態宣言によって、会社が営業を自粛したことで**休業を余儀なくされた人**は、会社側から**休業手当が受けられます**。その場合、給付額は**平均賃金の60%以上**です。

知って得する！ お金と制度

●もらえるお金

失業給付金 賃金日額の約**45～80%**×指定の給付日数
（在職期間・在職時の賃金による）

未払賃金立替払 未払い賃金の**80%**（年齢による立替限度額有り）

休業手当 平均賃金の**60%以上**

●制度のポイント

会社都合の離職ならハローワークへの申請から約１カ月後に受給できる
（自己都合の場合は約４カ月後）

届け出ガイド

●もらえる人

失業給付金 離職の日以前の２年間に被保険者雇用期間が通算して12カ月以上あり、再就職に積極的な意思を示している人

未払賃金立替払 労働者側と雇用契約を交わし、所定の労働を終了していることが証明できる人

休業手当 会社と雇用契約を交わしている従業員、パート・アルバイト従業員も対象

●手続きの場所

失業給付 居住地を管轄するハローワーク

未払賃金立替払 全国の労働基準監督署など

●必要な書類

失業給付 離職票、雇用保険被保険者証、証明写真２枚、マイナンバーカード（通知カード）番号の記載のある住民票（住民票記載事項証明書）のいずれか、印鑑（スタンプ印は不可）、通帳、本人確認証（マイナンバーカードがあれば不要）

未払賃金立替払 立替払請求書他

休業手当 被用者の申請手続きは不要

●手続きのポイント

・失業給付の請求期限は、原則離職日の翌日から1年以内
・未払賃金立替払制度の請求期限は裁判所による破産手続き開始決定、あるいは労働基準監督署長による倒産認定があった日の翌日から２年以内

生活福祉資金貸付

新型コロナで収入が減り困っています

各都道府県の社会福祉協議会では、世帯の安定した生活を保障するために、高齢者や障害者、低所得者世帯を対象に低金利や無利子での**生活福祉資金の貸付**を行っています。貸付資金には、失業時の生活費とハローワークでの就労支援が一体となった**総合支援資金**や、学費の補助となる**教育支援資金**、福祉費と緊急小口資金（一時的に生計維持が困難となった場合の資金）にあたる**福祉資金**などがあります。

そのうち、新型コロナの影響で収入が減少した人への措置として新たに制定されたのが**緊急小口資金等の特例貸付**です。社会福祉協議会に申請することで**最大20万円**（従来は最大10万円）のお金を無利子で借りることができ、返済の据置期間は最長で1年。返済期限は2年以内です。また、**総合支援資金**では**2人以上の世帯で最大60万円**、**単身なら45万円**までを**保証人なし・無利子**で借りることができます。

政府は**新型コロナ対策の特例措置法**で、国民一人あたりにつき**一律10万円の特別定額給付金支給**を決定しましたが、これらの制度と併用することで、より広範に保障する狙いがあります。

知って得する！ お金と制度

●得するお金

緊急小口資金　**最大20万円**（無利子で借り入れ）

総合支援資金　２人以上世帯：**最大60万円**
（月20万円以内×3カ月を無利子で借り入れ）
単身世帯：**最大45万円**
（月15万円以内×3カ月を無利子で借り入れ）

●制度のポイント

原則、両資金の同時申し込みはできない

届け出ガイド

●得する人

新型コロナウイルスの影響で生活が困窮した人

●手続きの場所

居住地の社会福祉協議会（緊急小口資金は労働金庫でも手続き可能）

●必要な書類

収入が減少したことを確認できる書類など
（住民票等の必要書類は事後提出で可）

●給付時期

申込日の翌々営業日までに送金（2002年３月25日より申込受付開始）

●手続きのポイント

緊急小口資金の特例措置が適用される主な要件は以下の通り

・世帯の中に新型コロナ感染症の罹患者がいるとき
・世帯に要介護者がいるとき
・世帯員が４人以上いるとき
・新型コロナの影響で休校になった児童または新型コロナに感染したおそれのある児童の世話をする必要があるとき　など

母子父子寡婦福祉資金貸付（生活安定貸付）

ひとり親なので、保育所が臨時休業をすると働けない

緊急事態宣言のもとに学校や保育所が各地で臨時休校・休業となりました。子どもの保護者が複数いれば、なんとか対応できる可能性もありますが、ひとり親でしかも離れて暮らす祖父母を頼れない人は、そうもいきません。今後も子どもの預け先に困り、収入が減少すれば、日常生活に大きな支障をきたすことが十分考えられます。

このように、**ひとり親家庭の父母等が、就労や児童の就学などで資金が必要なとき**に受けられる制度として、**母子父子寡婦福祉資金貸付**があります。

これは、ひとり親が一定期間、生活を安定させる目的でつくられた制度。**ひとり親になって間もない期間や、失業期間中の生活に必要なお金等**を借りることができます。この制度で留意したいのは、**保証人がいれば無利子ですが、いない場合は年率1％の金利がかかる資金がある**点です。ひとり親になって間もない際の貸付は、月10・5万円。失業期間（離職後1年以内）の貸付は、月10・5万円等です。償還期間はそれぞれ8年以内、5年以内となっています。返済の据え置き期間はいずれも6カ月です（貸付期間等は各自治体で異なります）。

知って得する！ お金と制度

●得するお金

月10.5万円以内の貸付（保証人有は無利子、保証人無は年1.0%）他

●制度のポイント

母子父子寡婦福祉資金貸付には、ひとり親になって間もない期間中の生活安定資金を貸し付ける場合と、失業期間の生活安定資金を貸し付ける場合の他、事業開始資金、事業継続資金、修学資金、技能習得資金、修業資金、就職支度資金、医療介護資金、住宅資金、転宅資金、就学支度資金、結婚資金がある

届け出ガイド

●得する人

母子家庭・父子家庭・寡婦の親

●手続きの場所

居住地の社会福祉協議会

●必要な書類

申請書（所定用紙）、ひとり親であることを証明する戸籍謄本・児童扶養手当証書など、申請者・連帯保証人（保証人を立てる場合）の住民票　他

●給付時期

貸付決定までに約１カ月

■母子父子寡婦福祉資金貸付（生活安定貸付）

	ひとり親になって間もない期間中の生活安定資金	失業期間の生活安定資金
貸付対象	母子家庭、父子家庭のいずれかになって７年未満	母子家庭の母、父子家庭の父、寡婦のいずれかで離職後１年以内
貸付上限	生活安定期間中 月10.5万円以内（上限252万円）	失業期間中（離職後1年以内） 月10.5万円以内
据置期間	6カ月	6カ月
償還期限	8年以内	5年以内
貸付利子	・保証人有　無利子 ・保証人無　年1.0%	・保証人有　無利子 ・保証人無　年1.0%

※厚生労働省指針。詳細は各自治体で異なる

公的医療保険制度／医療保険制度（傷病手当金）

新型コロナに感染したら医療保険が適用される？

健康保険、国民健康保険などの公的医療保険は社会保険の一部で、**国民全員が加入**します。この**国民皆《こくみんかい》保険《ほけん》制度**によって、病気になったりケガをしても、一定の自己負担割合で治療を受けることができます。**会社で入る健康保険**を**被用者保険**と呼び、代表的なものに全国健康保険協会があります。グループ会社や同業種団体などが運営する健康保険組合も被用者保険の一つです。

国民健康保険は市区町村が運営しています。自営業や農業・漁業・林業に携わっている人、健康保険未加入のパート社員、無職者などが入る保険です。通常、病院等での窓口では3割の自己負担が掛かりますが、新型コロナウイルスは「指定感染症」になったため、治療費はすべて公費で賄われます。また、新型コロナウイルスにより会社を休まざるを得ない場合も、**各健康保険組合等に申請することで傷病手当金を受け取る**ことができます。手当の額は、働くことで得られたはずの**給与の約3分の2**で、**支給期間は最長で1年6カ月**です。なお、自治体によっては国保加入者でも、新型コロナウイルスに感染した場合は、特例で傷病手当金を受給できることがあります。

知って得する！ お金と制度

●得するお金

傷病手当金 給料（１日あたりの支給額）の**約３分の２**が最長で**１年６カ月支給**される

●制度のポイント

被保険者に自覚症状がなくても、新型コロナウイルスに感染したと判定され、会社を休み給与の支払いがない場合、傷病手当金の支給対象となる

■新型コロナウイルス感染から傷病手当金支給までの流れ

①新型コロナウイルスに感染またはそのおそれがあり療養
②支給申請書を３種用意する ・被保険者記入用　被保険者本人または代理人が記入 ・事業主記入用　被保険者から勤務先担当者に記入を依頼 ・医療機関記入用　被保険者から医療担当者に記入を依頼
③各健康保険組合等に申請書を提出
④支給決定　支給額・支給日等を記入した支給決定通知が支給対象者に送付される

届け出ガイド

●得する人

新型コロナウイルスに感染した人、またはそのおそれがあって休業した場合、その他、プライベートでのケガや病気で休業し、給与の支払いがなかった社会保険加入者

●手続きの場所

各健康保険組合等窓口（事業主経由）

●必要な書類

支給申請書（被保険者記入用・事業主記入用・医療機関記入用の３種）

●いつから？

労務に服することができなくなった日から起算して３日を経過した日から

●手続きのポイント

医療機関において労務不能と認められた日付を申請書（医療機関記入用）に記載する必要がある

国民年金・国民健康保険料・介護保険料の減免

年金を納める余裕がありません

2020年4月の閣議決定「新型コロナウイルス感染症緊急経済対策について」に盛り込まれた支援策のひとつが、**国民年金や国民健康保険料の減免**です。

国民年金は、新型コロナウイルス感染症の影響で収入が減少した場合に、**臨時特例措置として国民年金保険料免除の手続きが可能**です。

申請も、免除等の申請書と本人申告の所得見込額を用いた、通常の減免手続きよりも簡易なもので済ませられます。学生についても、同様の手続きで**国民年金保険料学生納付特例申請**が可能となります。

国民健康保険料・介護保険料の減免は、対象となる期間の保険額に、前年の所得に応じて20～100%の割合で計算します。計算は複雑ですが、実際は**前年の合計所得金額が300万円以下なら対象期間は保険料全額免除の可能性が大**です。一般に減免措置は収入の落ち込みを証明しなければなりませんが、**緊急措置のため減収幅は見込みでもよく、判断は各自治体に任されています。**

ただし免除となった場合、その期間は将来の年金額の減額対象となるので注意が必要です。

知って得する！ お金と制度

●得するお金

新型コロナウイルス感染症の影響で減少した所得に合わせて、国民年金や健康保険料、介護保険料が**減額**または**全額免除**される

●制度のポイント

緊急措置の場合は減収幅を見込みで申告するなど、通常の減免手続きよりも簡易に申請できる

届け出ガイド

●得する人

2020年２月以降、新型コロナウイルス感染症の影響により収入が減少し、当年中の所得の見込みが免除等の条件に該当する水準が見込まれる人

●手続きの場所

国民年金　居住地の国民年金担当課または年金事務所宛て

国民健康保険　居住地の市区町村各健康保険担当課宛て

介護保険　居住地の市区町村介護保険担当課宛てに、それぞれ必要書類とともに申請書を郵送

●必要な書類

国民年金　国民年金保険料免除、納付猶予申請書、所得の申立書（日本年金機構のホームページからダウンロードが可能）など

国民健康保険　国民健康保険料減免申請書、本人確認書類のコピーなど

介護保険　マイナンバーカード（通知カード）、本人確認書類など（市区町村ごとに異なる可能性があるので確認する）

●いつから？

申請の受付は2020年５月１日から。特例の対象期間は同年２月分以降の国民年金保険料、国民健康保険料、介護保険料

●手続きのポイント

銀行などからの自動引き落としなどですでに保険料を納めてしまった場合でも、対象期間の納付分を減免できる。ただし、対象となる本人が申し出ること

国税、地方税の納付猶予

収益が大幅に下がり税金が払えません

所得税・法人税・相続税・贈与税・消費税といった国税は、災害によって財産に相当な損失が生じた場合など、個別の事情によって**納税の猶予**が認められることがあります。新型コロナウイルスに関しても、2020年4月に閣議決定がされた新型コロナウイルス感染症緊急経済対策に、同様の措置が盛り込まれました。

対象となるのは、**新型コロナウイルスの影響で2020年2月以降の任意の期間（1カ月以上）に仕事の収入が前年同期と比べて概ね20%以上減少**したことと、**一度に納税することが困難であることの両方を満たしている人**です。要件を満たせば、2020年2月1日から2021年1月31日までに納期限のある税目の猶予が認められ、すでに**納期が過ぎている未納の国税でも、さかのぼって特例を利用**することができます。

市税や固定資産税などの地方税についても、国税と同様に個別の事情があれば納付の猶予が認められ、新型コロナウイルスの影響も特例措置として認められています。

まずは所轄の税務署や居住地の都道府県または市区町村に問い合わせましょう。

知って得する！ お金と制度

●得するお金

国税と地方税が１年間の納付猶予となる

●制度のポイント

所得税・法人税・相続税・贈与税・消費税などの国税と、市民税・固定資産税などの地方税が、無担保で延滞料もかからずに１年間納付猶予

届け出ガイド

●得する人

法人の事業主、フリーランスの自営業者などで、一定の収入減が特例の要件を満たす者。パート・アルバイトの給与所得者も確定申告で納税していれば対象となる

●手続きの場所

所轄の税務署

●必要な書類

所定の納税猶予申請書、収入や現預金の状況がわかる資料（難しい場合は口頭でも可）

●いつから？

2020年２月１日から2021年１月31日までに納期限のある税金が対象

●手続きのポイント

納期限が過ぎている未納分は2020年６月30日まで。その他納期限（申告納付期限が延長された場合は延長後の期限）までに行うことが必要

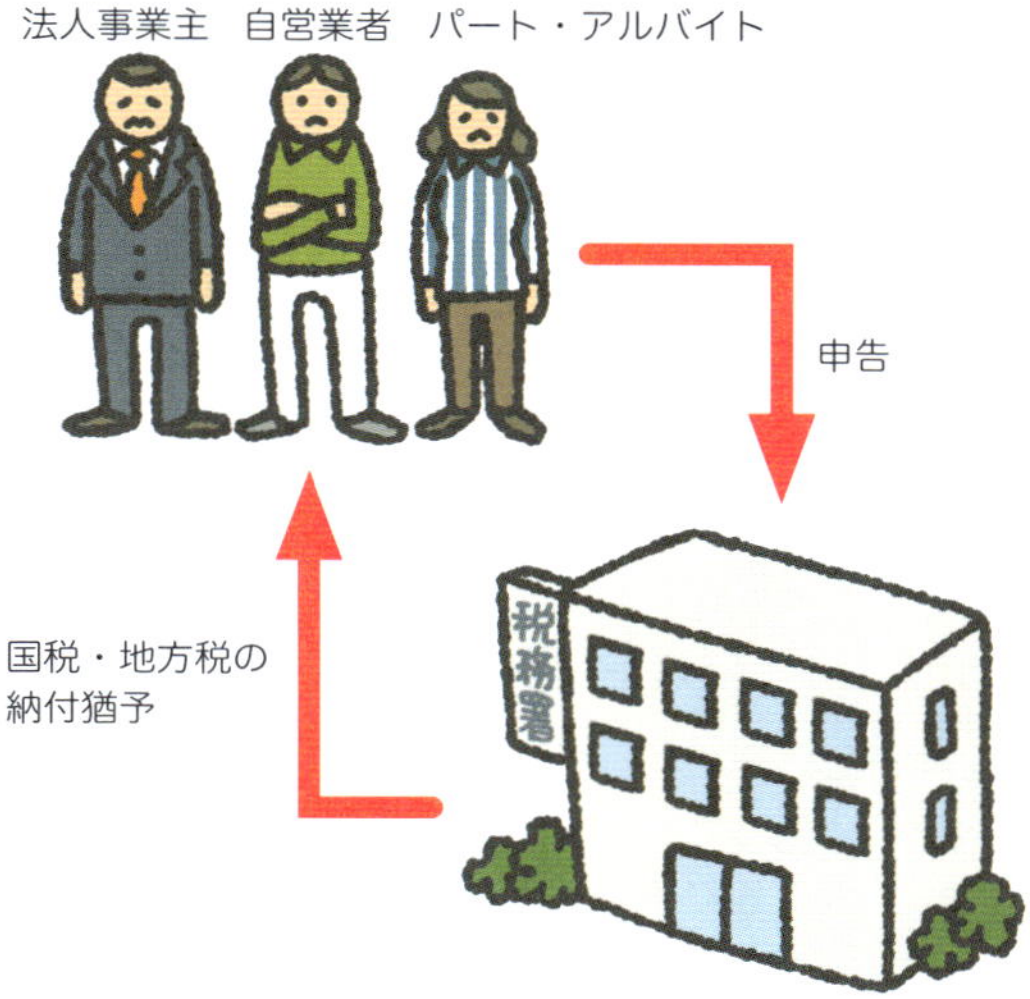

光熱水道費の支払い延期措置

収入減で家計がひっ迫。光熱費を延滞できない？

新型コロナウイルス感染症対策本部が２０２０年３月18日に発表した**「生活不安に対応するための緊急措置」**を踏まえ、経済産業省は電気・ガス事業者に対し**料金の支払いが困難な事情がある人の支払いの猶予など、迅速かつ柔軟な対応**を要請しました。

これによって、使用者が契約する電力・ガス会社に申し出れば、**料金の支払いが一定期間延長**されます。特例措置の対象者は、新型コロナウイルス感染拡大の影響により、**緊急小口資金または総合支援資金の貸付を受けた者で、一時的に電気・ガス料金の支払いに困難を来している人**。料金の支払い滞納についても、供給を停止することなく柔軟に対応してくれます。

たとえば東京電力なら、上記の条件により、２０２０年３～６月分の電気・ガス料金が３月・４月分の支払期日を３カ月延長、５月分を２カ月延長、６月分を1カ月延長となります。

水道料金についても、たとえば東京都水道局では一時的に水道料金等の支払いが困難な事情がある場合に、**申出日から最長で4カ月間、支払いを猶予**してもらえます。

知って得する！ お金と制度

●得するお金

電気・ガス・水道料金の一定期間における**支払い期日延長**

●制度のポイント

特例措置により、個々の状況をみて支払い遅延に対しても柔軟に対応してくれる。また、一定期間を過ぎても、状況次第では再延長が可能な場合もある

届け出ガイド

●得する人

新型コロナウイルス感染症の影響による休業および失業等で各都道府県社会福祉協議会から「緊急小口資金・総合支援資金の貸付」を受けている人（東京電力利用者の場合）

●手続きの場所

契約している電気・ガス会社、水道局の専用窓口。電話、ファクス、ホームページなどで相談を受け付けている

●必要な書類

電気・ガス会社、水道局が用意する支払猶予申請書、支払計画書など。記入必須事項にお客様番号がある場合は、過去に送られてきた請求書や検針票などで確認することができる

●いつから？

申し出日から支払いの猶予が開始される

●手続きのポイント

支払い猶予の申し出日までに支払われている料金は対象とならない場合もあるので注意。口座振替またはクレジットカード払いを利用している場合、支払い猶予の申し出は可能だが、猶予期間終了後は請求書での支払いとなることがある

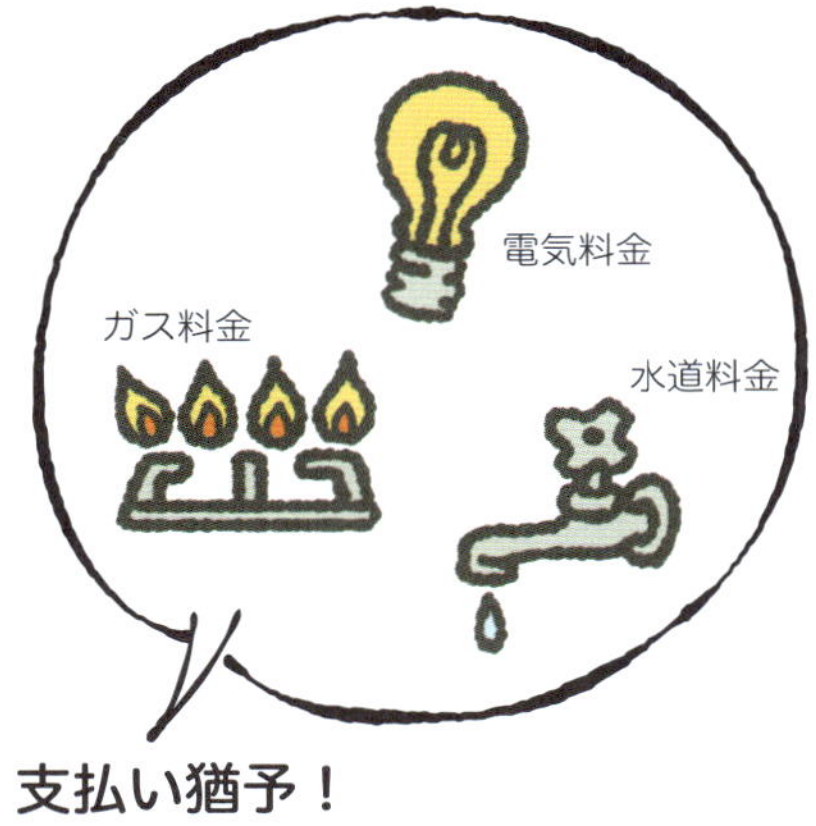

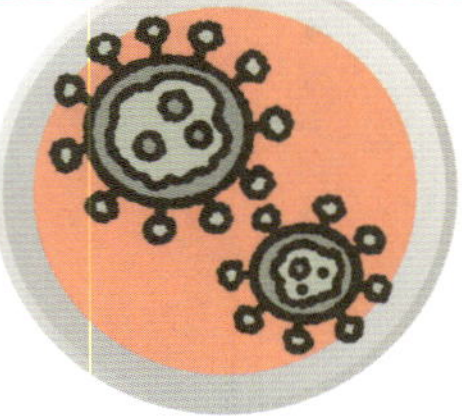

生活困窮者自立支援制度、生活保護制度

住む場所と仕事を失いそうです

生活困窮者自立支援制度は、**働く意欲があるのに働き口がない、住む場所がない**などの問題を抱える人に対し、自治体や福祉事務所に設置された窓口を通じて、**状況に応じたサポートを行う制度**です。たとえば、離職して住む場所がなくなった、もしくは、なくなる可能性が高いという人に対しては、就職活動をすることを条件に一定期間、**家賃相当額を支給**するなどの支援が行われます。

なお、新型コロナウイルスの影響で、特例としてハローワークへの求職申し込み要件はなくなり、休業中でも利用可能となりました。生活に困窮した場合、相談してみるのもよいでしょう。

生活保護は、家や車などの資産を売却したり、親類に援助を頼んだりしてもなお、生活に困窮している世帯に対し、**最低生活費に足りない分の保護費が支給される**制度です。申請は居住地の福祉事務所の生活保護担当窓口で行います。

受給には細かい審査がありますが、新型コロナウイルスに関連した保護の申請相談については、一時的な収入減少の場合も多いことから、自動車その他の資産保有に関して、通常よりも柔軟な対応がとられることも考えられます。

知って得する！ お金と制度

●制度のポイント

生活困窮者自立支援制度 相談者の状況に応じて、包括的な支援プランを作成してくれる

●相談から支援までの流れ

相談は無料、秘密厳守で行われる。なお、就労準備支援事業や一時生活支援事業、家計相談支援事業などは自治体の任意事業となる。詳しくは、自治体の自立相談支援事業を実施する窓口に問い合わせること

相談の受付 ＞ 生活状況の課題を整理 ＞ 支援プランの作成 ＞ 支援メニューの提供 ＞ プランの見直し（必要な場合） ＞ 困りごとの解決

■包括的な支援メニューの例

就労支援	就労に関する助言、ワークショップや就労体験の提案
家計改善支援	家計状況を一緒に把握し、貸付のあっせん等を行う
住居確保給付金	住所を失った人に対し求職活動を条件として家賃費用を有期給付
一時生活支援	住居を失った人に一定期間、衣食住等に必要な支援を行う
生活保護	最低生活費に足りない分を支給

■生活保護の種類と内容

種　類	内　容
生活扶助	日常生活に必要な費用。食費や被服費、光熱水費など
住宅扶助	アパートなどの家賃
教育扶助	義務教育を受けるために必要な学用品費
医療扶助	医療サービスの費用。費用は直接医療機関に支払われる
介護扶助	介護サービスの費用。費用は直接介護事業者に支払われる
出産扶助	出産費用
生業扶助	就労に必要な技能の習得などにかかる費用
葬祭扶助	葬祭費用

以上の項目を合算した額が支給される

緊急居住支援・住宅の無償提供

ネットカフェが休業になり行き場がありません！

緊急事態宣言が発令されて以降、収入の道を断たれた人たちが住むところを失うケースが増加しました。一般に、こうした人たちが一時的な避難場所として利用するのがインターネットカフェや漫画喫茶など24時間営業の店ですが、それも3密（密閉、密集、密接）回避の観点から次々と休業となり、多くの人が路頭に迷う危険にさらされています。

こうした状況に向けた行政の取り組みとして知っておきたいのが、**緊急の居住支援**。たとえば東京都が運営するＴＯＫＹＯチャレンジネットでは、**住居を失い行き場がない人のための居住支援**を行っています。電話またはインターネットで相談すると、**民間の賃貸物件情報の提供や、契約のサポート**を受けられます。必要と認められれば**住宅資金や生活資金の融資**も受けられます。こうした支援制度は他の自治体でも整備していますので、居住地の相談窓口に問い合わせてみましょう。

ほかにも、不動産業を展開するアパマン（ＡＰＡＭＡＮ株式会社）では、新型コロナ感染症の影響による倒産、または人員整理によって社員寮の退去を余儀なくされた人向けに、1ルーム賃貸住宅の無償提供をするサービスを行っています。

知って得する！ お金と制度

●得するお金

TOKYOチャレンジネット 住居を失った人に**住宅資金**と**生活資金**を**融資**

アパマン 新型コロナウイルス感染症の影響に伴う倒産又は人員整理によって寮の退去を余儀なくされた人に約200室の1ルーム賃貸住宅を2020年12月末まで**無償提供**

●制度のポイント

自治体の緊急居住支援の多くは、収入源の確保など自立支援とセットで行われる

届け出ガイド

●得する人

新型コロナウイルス感染症の影響で職を失ったり、勤め先の倒産または人員整理で寮の退去を余儀なくされたりした人

●手続きの場所

TOKYOチャレンジネット 居住地の自立支援相談機関

アパマン 同社ホームページの該当ページ（https://wwws.apamanshop-secure.com/inquiry/kanri/form/provision/entry.html）から申し込む

●必要な書類

相談日を電話またはインターネットで予約し、相談日当日に必要書類を記入することが多い

●手続きのポイント

アパマンの賃貸住宅無償提供は20歳以上の人限定。再就職が決まった場合は、入社月の月末までの利用となる

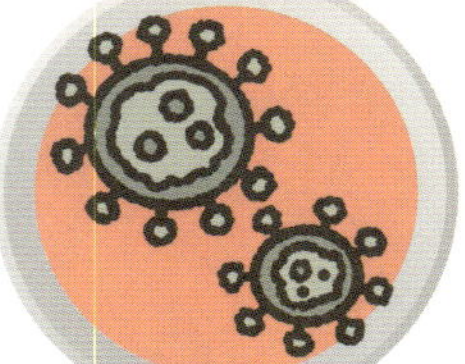

奨学金制度（給付型・貸与型）

家計が急変！学費を支援してほしい…

新型コロナの影響で学費の支払いが困難になった場合、退学や休学を検討する前に、まずは各教育機関や自治体、奨学事業実施団体などが運営する**奨学金制度**が使えないか調べてみましょう。

たとえばＪＡＳＳＯ（独立行政法人日本学生支援機構）が運営する奨学金制度なら、**生計維持者が失職したり、災害を被って家計が急変した場合などが、奨学金の発生する事由**とされ、新型コロナウイルスによる経済困難も該当します。

また、２０２０年５月には、「学びの継続」のための**『学生支援緊急給付金』**が創設されました。

届け出ガイド（JASSOの奨学金）

●得する人

第一種：大学、大学院、短大、高等専門学校・専修学校（専門課程）に在学する特に優れた学生（無利息）　第二種：大学、大学院、短大、高等専門学校（4・5年生）、専修学校（専門課程）の学生（年利3％を上限とする利息、ただし在学中は無利息）

●必要な書類

事由発生に関する証明書類（医師の診断書、罹災証明書など）、家計急変後の収入に関する書類、JASSOのホームページからアクセスできる「進学資金シミュレーター」の「給付奨学金シミュレーション」を実施した結果の写しなど

※小・中学校の義務教育には「就学援助制度」がある。また、高等学校等就学支援制度も4月より大幅改定され、私立高校等へ通う生徒への支援が手厚くなっている

序章

社会保障の基礎知識

私たちの生活を生涯にわたって支える制度の仕組み

「社会保障」とは何ですか?

社会保障制度は、**4つの柱**から成り立っています。その中でもっとも予算が多く、制度の中心となっているのが、**社会保険**です。これは、国民が納める保険料を主な財源として、病気や老後、障害などに対して給付を行うものです。具体的には、**医療（健康）保険、年金保険、介護保険、労災保険、雇用保険**などの保険を運用しています。

2つ目の柱は**社会福祉**です。ひとり親世帯、障害者、高齢者などに対して、必要に応じて助成や給付を実施するもので、児童手当や母子（父子）等への福祉資金貸付、特別障害者手当などを実施しています。

3つ目の柱は、生活困窮者に対して健康で文化的な最低限の生活を保障することを目的とした、**公的扶助**です。生活保護のほかに、低所得世帯や高齢者世帯に対して、必要に応じた貸付を行う生活福祉資金制度などを実施しています。

4つ目の柱は**公衆衛生**です。国民の健康維持のため、下水道整備や保健所での指導などを実施しています。これら4つの柱によって、**国民の最低限度の生活が保障されているとともに、健康的かつ文化的な生活の促進が行われている**のです。

20代～30代が活用したい制度のポイント

- すべての会社に加入義務がある雇用保険と労災保険は、働く人を守る制度
- マイホームの購入、妊娠・出産、子育てなど、お金のかかるライフイベントには、各種の保障が整えられている

こんな制度を活用してみよう！

Q. パートやアルバイトでも雇用保険に入れるの？
A. 雇用保険→P.48
Q. 新入社員でも有給休暇を取れますか？
A. 有給休暇→P.42
Q. 出産にまとまったお金がかかるのですが…
A. 出産育児一時金→P.128
Q. 不妊治療は高額で迷います。支援はありますか？
A. 特定不妊治療費助成→P.126
Q. 離婚しましたが育児にお金がかかって…
A. 児童扶養手当→P.144
Q. マイホーム購入に優遇制度はありますか？
A. 住宅ローン減税→P.154
Q. 病気の多い赤ちゃんの医療費が心配です。
A. 乳幼児医療費助成制度→P.140
Q. 仕事を辞めたときの補助はありませんか？
A. 失業給付→P.10
Q. シングルマザーです。就業のための支援はありますか？
A. 自立支援教育訓練給付金→P.148
Q. 子育てに関わる休みはとれますか？
A. 看護休暇→P.138

40代～ 50代が活用したい制度のポイント

・病気やケガなど、もしもの場合に利用できる社会保障がある
・子どもの学費不足には奨学金制度、高額医療や親の介護には介護保険制度など、手元の資金不足を補える社会保障がある

こんな制度を活用してみよう！

Q. 子どもの学費が高くて家計が苦しい…
A. 奨学金制度→P.28
Q. 通勤中に事故に遭い大ケガをしてしまいました。
A. 労災保険→P.52
Q. 療養のため、退職することに。保障はありますか？
A. 障害年金→P.74
Q. 家をリフォームするのに、助成はありますか？
A. 住宅リフォーム助成制度→P.166
Q. 家族の医療費がかさんで家計が苦しい…
A. 医療費控除→P.90
Q. 夫が仕事中に亡くなり、今後の生活が不安です。
A. 遺族補償給付→P.54
Q. 親の介護のために会社を休めますか？
A. 介護休暇→P.118
Q. 定年後に公的年金だけでやっていけるか不安…
A. iDeCo→P.76
Q. 親が亡くなり遺産を相続したのですが…
A. 遺産相続→P.78
Q. 離れて暮らす父の介護で悩んでいます…
A. 地域密着型サービス→P.108

シニア世代が活用したい制度のポイント

・リタイア後は「本格的な老い支度」が必要な時期。バリアフリー住宅や病気・介護への支援など、自分の体調・資産に合わせて上手に活用を！
・将来のリスクを考えて、早め早めの準備を心がける

こんな制度を活用してみよう！

Q. 障害があり、外出が大変です。サポートはありますか？
A. 介護保険タクシー→P.114

Q. 人工透析に、助成はありませんか？
A. 自立支援医療制度→P.88

Q. 退職金をよりお得にもらうには？
A. 退職金→P.56

Q. 家族が要介護になり、家の中に手すりをつけたい。
A. 居宅介護住宅改修費→P.116

Q. 在宅での介護は費用が心配です。
A. 訪問看護療養費→P.104

Q. 妻の介護費用が家計を圧迫しているのですが…
A. 老人福祉手当・老人介護手当→P.112

Q. 年金を前倒しで受け取るには？
A. 老齢年金→P.68

Q. バリアフリーのマンションに引っ越したい！
A. サービス付き高齢者向け住宅制度→P.164

Q. 子どもや孫への賢い相続の方法は？
A. 相続税と贈与税→P.80

Q. 家と土地を相続するときに節税する方法はありますか？
A. 相続税の節税→P.82

ココが変わった！　①税制改正

新しくなった税制について教えてください

２０２０年の税制改正で大きく変わったのは、**所得の高い会社員や公務員の所得税や住民税が増税**された点です。合計所得金額が２４００万円以下の人は、それまですべての所得に一律で38万円とされていた基礎控除額が48万円に引き上げられ、２４００万円超の高額所得者は段階的な減額措置などがとられ、２５００万円超では適用されなくなりました（左表上）。

これと併せて改定されたのは、**給与所得控除の引き下げ**です。給与所得控除は、給与所得者が自営業者と同じように認められている経費の一定控除ですが、これが２０２０年1月からは左の表中にあるように一律10万円引き下げられました。

それと同時に、給与所得控除額が適用される給与等の収入の上限額も１０００万円超から８５０万円超に引き下げられ、地方税である住民税も、所得税と同じ条件で、それまでの基礎控除額33万円から43万円への引き上げとなりました。

２０２０年の税制改正には、**投資への流れを活性化する**というひとつのねらいがあります。非課税で投資の運用ができる**ＮＩＳＡの見直し**が行われたのも、そのためです。

知って得する！ 制度のポイント

●基礎控除の控除額の改正内容

合計所得金額	基礎控除額	
	～2019年	2020年～
～2,400万円	38万円	48万円
2,400万円超～2,450万円		32万円
2,450万円超～2,500万円		16万円
2,500万円超～		0円

●給与所得控除の改正内容

給与等の収入金額	給与所得控除額	
	2017～2019年	2020年～
～180万円	収入金額×40%（65万円に満たない場合は65万円）	収入金額×40%－10万円（55万円に満たない場合は55万円）
180万円超～360万円	収入金額×30%＋18万円	収入金額×30%＋８万円
360万円超～660万円	収入金額×20%＋54万円	収入金額×20%＋44万円
660万円超～850万円	収入金額×10%＋120万円	収入金額×10%＋110万円
850万円超～1,000万円		195万円（上限）
1,000万円超～	220万円（上限）	

※子育て世代には所得金額控除の新設により、負担増とならない措置が設けられている

●NISAの見直し

NISAは、2014年1月にスタートした個人投資家のための税制優遇制度。新たな制度では、リスクが比較的低い投資信託などに対象を絞り、年間最大20万円の「積み立て枠」を利用した場合に、５年で計610万円の投資額が非課税となる（従来は５年で計600万円）。

旧NISA	新NISA
５年で計600万円 （年120万円）	５年で計510万円 （年102万円〈投資枠〉） ５年で計100万円 ※投資信託などに限定

ココが変わった！　②子育て支援・介護・働き方

子育て・介護世代の働き方はどのように変わりますか？

2020年に行われた社会保障制度改正の特徴のひとつとして、**子育て、介護、働き方に関する支援の強化と、格差の是正**が挙げられます。

それまで、ひとり親の子育て支援策は死別または離婚によってひとり親になった場合のみが対象でした。それが2020年からは、**未婚のひとり親にも適用**されるようになり、**寡婦控除の適用範囲が広がり**ました。

また、それと合わせて、ひとり親が男性の場合と女性の場合とで異なっていた所得税、住民税の控除額も同額となり、所得が500万円以上の世帯には控除が適用されなくなりました。この点でも、**死別・離別・未婚に関係なく、すべて一本化**されています（左表）。

子育て世代や介護をしている扶養親族等がいる場合の負担軽減を目的とする、**所得金額調整控除**も新設されました。

対象者は年収850万円超で、①本人が特別障害者、②年齢23歳未満の扶養家族がいる、③特別障害者の生計を一にする配偶者または扶養家族がいる、という条件のうち、いずれかに該当する給与所得者です。

知って得する！ 制度のポイント

●得するお金

ひとり親に対する**所得税35万円、住民税30万円**の**税負担軽減**

●制度のポイント

対象は年収500万円未満のひとり親。改正にともない、死別・離別・未婚によってひとり親になった女性および男性の控除額はすべて同額、同条件となった

	配偶関係	死別・離別		未婚	
	本人合計所得金額	500万円未満	500万円以上	500万円未満	500万円以上
所得税の控除	本人が女性（子あり）	35万円	0円（改正前は27万円）	35万円	0円
所得税の控除	本人が男性（子あり）	35万円（改正前は27万円）	0円	35万円	0円
住民税の控除	本人が女性（子あり）	30万円	0円（改正前は26万円）	30万円	0円
住民税の控除	本人が男性（子あり）	30万円（改正前は26万円）	0円	30万円	0円

働きながら育児・介護に関わる人のために制定された**育児・介護休業法**も改正されます（施行は2021年1月1日）。ポイントは、労働者が**子の看護休暇や介護休暇**を、より取得しやすくしたところです。

改正前は、半日単位での取得が可能で、1日の所定労働時間が4時間以下の労働者は取得できないとされていましたが、改正後は、**時間単位での取得が可能**となり、1日の労働時間に関係なくすべての人が取得できるようになります。なお、原則無給ですが、有給での看護介護休暇制度を導入、休暇取得が出た場合、事業主に**両立支援等助成金**が支給されます。

雇用保険法に定めた失業給付のひとつである**教育訓練給付**にも、新たな制度が設けられました。

２０１９年10月に新設された**特定一般教育訓練給付制度**は、雇用保険法施行規則改正により、速やかな再就職および早期のキャリア形成に資する教育訓練として、厚生労働大臣が指定する講座（特定一般教育訓練）を受ける場合に、**教育訓練経費の40％（上限20万円）が支給**されるというもの。

雇用保険の被保険者、または被保険者であった人のうち被保険者資格を喪失した日から受講開始日までが1年以内などの要件を満たしている人が対象です。

知って得する！ 特定一般教育訓練給付制度

●もらえるお金

教育訓練経費の**40％（上限20万円）**

●制度のポイント

受講前に「訓練前キャリアコンサルティング」を受け、ジョブカードを作成し、ハローワークで受給資格確認を行う必要がある

■特定一般教育訓練指定講座の内訳（2019年10月時点）

①	業務独占資格、名称独占資格もしくは必置資格にかかわる養成課程などまたは、これらの資格の取得を訓練目標とする課程（税理士、社会保険労務士、介護職員初任者研修など）	146講座
②	情報通信技術に関する資格のうちITSSレベル２以上の情報通信技術に関する資格取得を目標とする課程（基本情報技術者試験など）	３講座
③	新たなITパスポート試験合格目標講座（当該試験の合格を訓練目標とする課程のみ）	–
④	短時間のキャリア形成促進プログラム及び職業実践力育成プログラム	１講座

第1章

働く・収入

雇用保険制度の仕組み

「雇用保険」とはどのような制度ですか？

労働者の生活や雇用の安定を図る、再就職の援助を行う、失業時や休業時に利用できる失業等給付金を支給するなど、**雇用に関する総合的な支援**を目的にしているのが**雇用保険**です。原則として**すべての企業に適用される保険**で、そこで働くすべての一般社員は雇用保険への加入が義務づけられます。たとえ試用期間であっても、雇用契約があり、給与が支払われている場合は対象です。雇用保険料は、企業と社員の双方が負担しますが、企業の負担割合のほうが多くなっています。

雇用保険にはさまざまな給付制度があり、よく知られているのが**基本手当（失業給付）**です。

例えば、被保険者がリストラや自己都合、契約期間の満了などで離職した場合は、再就職までの間の生活を支えるために支給されます。支給の額や期間は、働いていたときの給与や期間、離職の理由など、さまざまな事由に基づいて決定します。原則として、**働いていたときの給与が高ければ支給額も高く、働いていた期間が長ければ支給期間も長く**なります。

失業した際に支給される基本手当以外にも、失業等給付には左ページのような種類があります。

知って得する！ お金と制度

●制度のポイント

雇用保険の加入者は、加入条件や給付の内容が異なる

・フルタイムで働く一般社員や、派遣社員・パートなど
・被保険者のうち65歳以上の者
・日雇い労働者
・季節労働者

求職者給付

・基本手当（リストラや倒産、自己都合で退職したとき）
・傷病手当（就職活動中に病気やケガをしたとき）
・技能習得手当（職業訓練を受講したとき）
・高年齢求職者給付金（65歳以上の高年齢継続被保険者が失業した場合）など

就職促進給付

・就業手当（パートやアルバイトをしたとき）
・再就職手当（基本手当をもらっているときに、再就職したとき）
・移転費（再就職や職業訓練で引っ越したときの補助）
・広域求職活動費（遠方へ就職活動をしたときの補助）など

雇用継続給付

・高年齢雇用継続給付（60歳以上65歳未満の雇用保険加入者が、60歳以降に収入が大きく下がったとき）
※継続雇用義務化に伴い､段階的に廃止予定
・育児休業給付（育児のため休業したときに給与の約50 ～ 67％を支給）
・介護休業給付（家族の介護で休業するときに給与の約67％を通算93日まで支給）など

教育訓練給付

・教育訓練給付金（指定の教育訓練を受講して修了したとき）

有給休暇

有給休暇を取るときの決まりはありますか？

年次有給休暇（有給休暇）は、**労働基準法第39条で定められた労働者の権利**で、行使することで賃金が支払われる休暇を取得できます。働き方改革関連法案施行により、2019年4月からは、有給を年間10日以上保持している従業員に、**1年間で最低5日間の有給休暇を確実に取得**させることが、企業に義務づけられました。

ただし、**入社後6カ月以上在籍している、所定労働日の8割以上出勤している**といった条件を満たさなければなりません。たとえば、4月に入社した新入社員は10月までは有給休暇を取得できないことになりますが、法で定められた条件を上回って企業側から有給休暇を付与する分には問題ありません。なお、業務中に負ったケガや病気による休職、産前産後休業、育児・介護休業は、出勤した日数として計上されます。

有給休暇を取るタイミングは、労働者が自由に決められますが、事業の正常な運営を妨げる場合は、企業側が取得日の変更を指示できます。

また、**パートやアルバイトなどの正社員以外の雇用形態でも、条件を満たせば有給休暇を取得**することができます。

知って得する！ 有給休暇制度

●制度のポイント

行使することで**賃金が支払われる休暇**を取得できる
【条件】入社後6カ月以上在籍、所定労働日の8割以上出勤していること
【内容】勤続期間6カ月で10日の有給休暇を取得

■年次有給休暇の付与日数

勤続年数	6カ月	1年6カ月	2年6カ月	3年6カ月	4年6カ月	5年6カ月	6年6カ月以上
付与日数	10日	11日	12日	14日	16日	18日	20日

※年度内に有給休暇を使いきれなかった場合、次年度までは繰り越しができる。ただし、労働基準法第 115 条では、有給休暇取得の権利は 2 年間で時効になり消滅する、と明記されている
※所定労働日の出勤については、遅刻や早退などでも出勤した日として計上されるが、ストライキによる休業や休日出勤、業務外でのケガや病気による休職、会社都合による休業などは、出勤とは認められない

■労働基準法改正のポイント

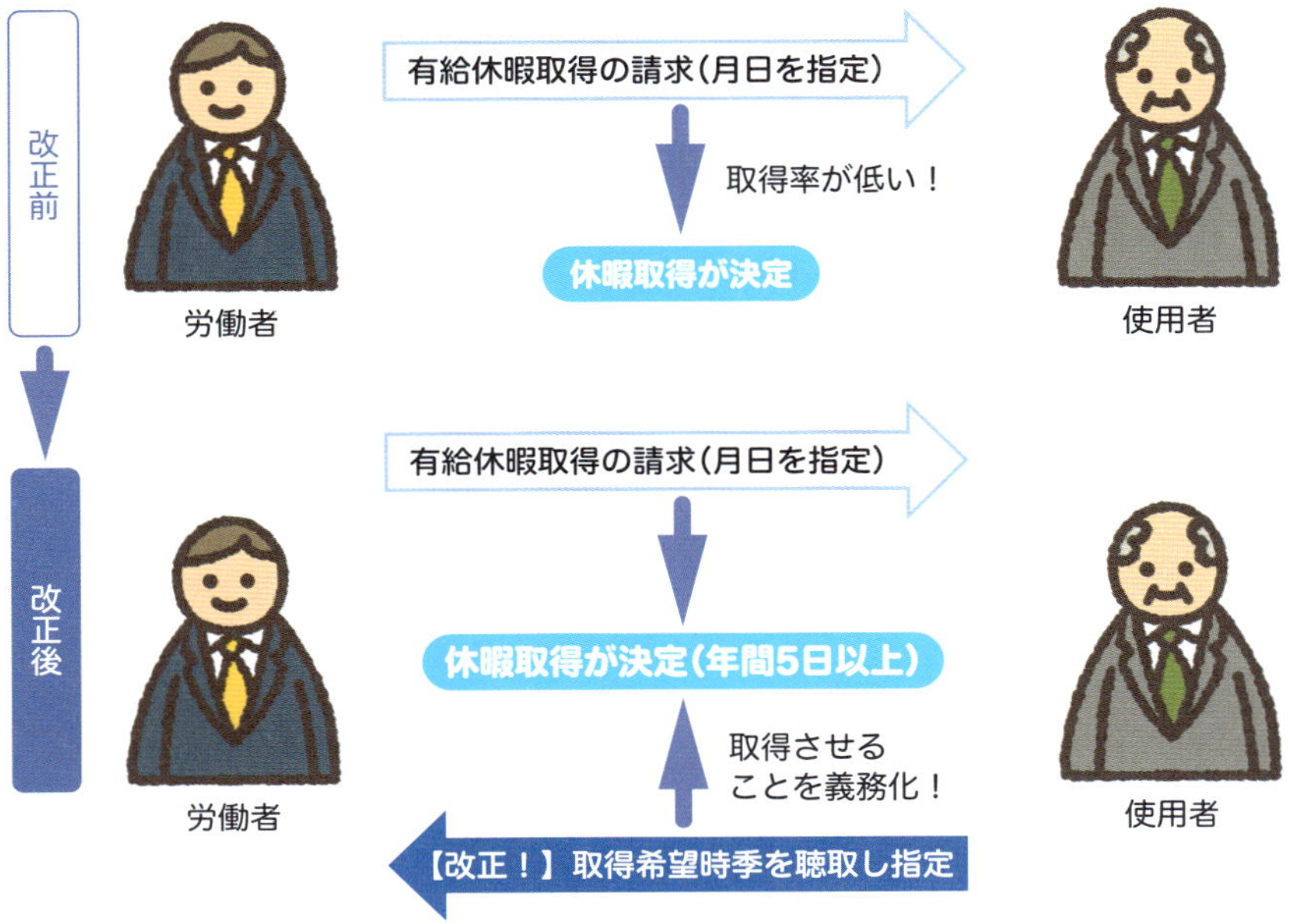

時間外労働（残業・早出）の賃金請求

残業代ってどうやって請求するの？

法定労働時間（1日8時間あるいは1週40時間）を超えた分や、深夜（午後10時から午前5時まで）、法定休日に出勤したときは、**時間外労働手当（残業代）**が支給されます。年俸制の場合は、「年俸額に一定時間の残業代を含む」と決められていることも多いので、あらかじめ雇用契約書で**見込み残業時間**を確認しておきましょう。

実際の残業時間が雇用契約書に記載の時間よりも少ない分には問題ありませんが、上回っている場合は、その分の残業代を請求できます。

残業代の計算方法は、**時間外労働と深夜労働に対しては25％以上、休日労働に対しては35％以上の割増賃金**を支払うというものです。

この割増賃金は**重複して発生**するので、午後10時以降の残業は、時間外労働の25％と深夜労働の25％を足して**50％の割増賃金**が支払われることになります。

ただし、**休日労働の場合は時間外労働に対する割増賃金は発生しません。**休日には法定労働時間というものが存在しないからです。（深夜労働は適用されるので、休日の深夜業務は休日労働の35％と深夜労働の25％を足して60％の割増賃金が支払われる）

知って得する！ お金と制度

●もらえるお金

・時間外労働と深夜労働には**25％以上**の割増賃金が**重複して発生**
・休日労働には**35％以上**の割増賃金

●制度のポイント

時間外労働または休日出勤、深夜労働の割増賃金は、重複して発生する
※休日出勤で深夜労働の場合は、**60％以上**の割増賃金になる
（＝休日出勤35％＋深夜労働25％）

column

年俸制の場合、残業代はどうなる？

本来、賞与は、割増賃金の基礎から除外されるが、年俸制であらかじめ賞与込みで支給額が提示されている場合は、残業代の基礎とされる。

例えば、年俸制で450万円（賞与込み）、月の所定労働時間が150時間の労働者が、年間50時間の時間外労働をした場合に受け取れる残業代は、次のように計算する。

①1時間あたりの賃金額を求める
450万円÷12カ月÷150時間
＝2,500円
②1時間あたりの賃金額に、割増分（時間外労働割増分）と年間残業時間を掛ける
2,500円×1.25×50時間
＝15万6,250円

この場合、15万6,250円を残業代として請求できることになる。

正社員との賃金格差

正社員と同じ仕事なのにパートだから賃金が違う…

正社員とパートタイム労働者では、仕事の内容や責任を明確に区別しなければなりません。

「均衡のとれた待遇の確保の促進」を実現するために改正された**パートタイム労働法**では、次の2つの条件を満たす場合は、**「正社員と同視すべきパートタイム労働者」と定義され、賃金や福利厚生、教育訓練など、同等の待遇を受ける**ことが定められています。

まず、1つめの条件は**「仕事の内容が同じかどうか」**です。これは、パートタイム労働者に与えられている権限や責任などを考慮し、クレーム処理など**正社員の判断が必要な業務や、社外秘の機密情報を扱う業務、所定労働時間を超えた残業がないか**どうかがポイントです。続いての条件は、**「人材活用の仕組みや運用などが同じであるかどうか」**です。具体的には、支社などへの転勤や配置転換などの異動がないかが問われます。

パートタイム労働者がこの2つの条件に該当する場合、正社員と同等の賃金を求めることができます。なお、2020年4月から、有期雇用労働者も法の対象に含まれることになり、**有期か無期かによる差別的な取り扱いも禁止**されています。

知って得する！ お金と制度

●制度のポイント

・パートタイムでも、正社員と同じ仕事をしている場合は、賃金や福利厚生、教育訓練などの待遇は正社員と同等とする

・職務上やむを得ないなどの合理的な理由なく、仕事の内容・人材活用の仕組みや運用が正社員と同じ場合には、「正社員と同視すべきパートタイム労働者」と見なされ、正社員と同等の待遇を求めることができる

仕事の内容が同じであれば賃金も同じ

■パートタイム・有期雇用労働法のポイント（2020年4月施行）

①	**不合理な待遇差の禁止** 同一企業内において、通常の労働者とパートタイム労働者・有期雇用労働者との間で、基本給や賞与などのあらゆる待遇について、不合理な待遇差を設けることを禁止
②	**労働者に対する待遇に関する説明義務の強化** パートタイム労働者・有期雇用労働者は、「正社員との待遇差の内容や理由」などについて、事業主に説明を求めることができる。事業主は、パートタイム労働者・有期雇用労働者から求めがあった場合は、説明をしなければならない
③	**行政による事業主への助言・指導等や裁判外紛争解決手続の整備** 都道府県労働局において、無料・非公開の紛争解決手続きを行う。「均衡待遇」や「待遇差の内容・理由に関する説明」についても、対象となる

●契約書のここをチェック！

☑ 契約期間
☑ 仕事をする場所と仕事の内容
☑ 始業、終業の時刻や所定時間外労働の有無
☑ 休憩時間、休日、休暇
☑ 賃金
☑ 退職に関する事項
☑ 相談窓口　など

雇用保険～パートやアルバイトの場合～

パートやアルバイトでも雇用保険に入れますか？

パートやアルバイトといった短時間労働者のほか、契約社員や準社員などの**正社員以外の労働者でも、一定条件を満たした人は雇用保険に加入**することができます。一定条件とは、左ページ中の2つの条件にあたります。

したがってパートやアルバイトでも、**雇用保険に加入しており、離職日前の2年間で賃金支払い基礎日数が11日以上の月が12カ月以上あり、すぐにでも働く意思がある**などの条件を満たせば、退職後に失業給付を受け取れることになります。

雇用保険への加入は企業にとって義務であり、「労働者本人の手取り額が減ってしまう」といった理由で加入しないことはできません。

万が一、加入していなければ、**企業に罰則**が科されます。もし、勤務している企業がこの保険に加入していないことがわかったら、事業主と交渉をするか、**所轄のハローワークに相談**してみましょう。

また、雇用保険のメリットは失業給付のみにとどまりません。左ページの下の図のように、**雇用継続や教育訓練**を受けるための給付金制度など、さまざまな恩恵があります。

知って得する！ お金と制度

●もらえるお金

条件を満たした人は、正社員と変わらない保険制度が適用され、失業給付が受け取れる

基本手当（失業給付）＝基本手当日額×（45～80%）×給付日数。

※給付日数は被保険者であった期間、年齢・退職理由による。

●制度のポイント

下記の加入条件を満たせば、雇用保険へは強制加入となる。

加入の条件とは？

次の2つの条件を満たしている場合、年収や配偶者の有無にかかわらず、雇用保険には必ず加入しなければならない。

①１週間の所定労働時間が20時間以上であること

②31日以上雇用される見込みがあること

雇用保険で失業給付以外に受け取れる給付金

就業者のための給付

教育訓練給付

・教育訓練給付金

雇用継続給付

・育児休業給付
・介護休業給付
・高年齢雇用継続給付

健康診断の受診

パート勤務ですが会社の健康診断を受けられる?

労働者の安全と健康の確保を目的に制定されている**労働安全衛生法**では、事業主は労働者に対して**健康診断**の実施を定めています。健康診断の実施が義務であるとともに、労働者が健康診断を受けることも義務づけられています。

対象は**常時働いている労働者全員**。パートやアルバイトなどの短時間労働者や有期契約労働者は、**同じ仕事をしている社員などの1週間の労働時間の4分の3以上かつ、労働契約が1年以上**(1年未満の場合、契約更新が確実で都合1年以上の雇用になる労働者)であれば健康診断を受けられます。

事業主は**雇入時に1回と年に1回**の健康診断を実施しなければなりません。

また深夜業を含む、著しく暑熱、あるいは寒冷な場所での業務、ラジウム放射線、エックス線などの有害放射線にさらされる業務、異常気圧下における業務などの**特定業務に従事する労働者は6カ月ごとに1回、健康診断**を受ける必要があります。

アルバイトやパート先で健康診断を受けられない場合は、自治体が無料もしくは安価での健康診断を実施しているので相談しましょう。

知って得する！ お金と制度

●制度のポイント

・労働者は、会社が実施する法定の健康診断を無料で受診できる
・法定以上（人間ドック他）の健診項目は、原則自費での受診となる
・通常は年に１回、特定業務従事者は６カ月ごとに１回の受診が義務づけられている

column

「働き方改革」で労働安全衛生法のここが変わった！

「働き方改革」の推進が議論されるなか、関連する法律である労働安全衛生法も改正され、2019年4月からは、事業主に対し「労働者の労働時間の状況の把握」が義務づけられた。

これは、社員の長時間労働を防ぎ、残業代を正しく計算するために必要とされている。

労働時間の客観的な把握としては、厚生労働省が定める方法として、

・タイムカードによる記録
・パーソナルコンピューター等の電子計算機の使用時間の記録
・その他の適切な方法

と定められている。

自身の安全と健康を守るため、勤務先の健康診断を受けるとともに、これらの措置がとられているかどうかも確認したい。

労災保険の療養給付・休業給付

通勤中のケガでも労災保険は下りますか？

業務中や通勤途中に事故にあってケガをしたり、病気にかかったときは、**労災保険**が適用されます。労災保険とは、**労働者災害補償保険法（労災保険法）**のことで、被災労働者やその家族・遺族に対して国が保険給付を行う制度。

これは、正社員に限らず、パートやアルバイトなど、雇用されて賃金を支給されている**労働者すべてに適用される制度**です。保険料は企業が全額負担し、労働者が保険料を支払う必要はありません。事業主は、一人でも従業員がいれば、必ず労災保険に加入する義務があります。

業務中や通勤中の災害によって負傷した場合、治療費や薬代は原則かからず、また仕事を休み、賃金が支給されていない日が4日以上あれば、**休業補償給付**（通勤災害の場合は休業給付）が、4日目以降から支給されます。給付されるのは、**1日あたり給付基礎日額**（原則、事故にあってケガをした日や病気にかかった日から前3カ月間の1日あたりの賃金額）**の60％、さらに、休業特別支給金として20％を上乗せ**した合計80％です。ただし、通勤途中にケンカなどをしてケガをしたときは、認められないケースもあります。

知って得する！ お金と制度

●もらえるお金

・仕事や通勤でケガや病気になったとき
→治療費を全額支給（療養〈補償〉給付）

・仕事を休んだとき
→給付基礎日額×60%※×休業日数を支給（休業補償給付）
※休業特別支給金20%が上乗せされる

・死亡したとき
→遺族（補償）年金と遺族（補償）一時金を支給

●制度のポイント

賞与（ボーナス）などは給付基礎日額に含めない

よくある質問

Q 手続きの方法は？

⇒ 休業（補償）給付を受けるには、「休業補償給付支給請求書・休業特別支給金支給申請書」を労働基準監督署に提出してください。事業主と医師の証明や賃金台帳なども必要です

Q 請求期限はありますか？

⇒ 休業した日の翌日から２年経過した場合、時効によって請求できなくなります

Q 昼休みで外に食事へ出かけたときにケガをしました。労災と認められますか？

⇒ 休憩時間は労働基準法で労働者が自由に行動することが許されています。このため、その間の行動は私的行為とみなされるケースが多く、会社施設の欠陥などの原因がない限り、一般的には労災と認められないケースが多いようです

労災保険の遺族補償給付

夫が仕事中の事故で死亡…。補償はありませんか？

業務や通勤途中で亡くなった労働者の遺族に対して支給されるのが、**遺族補償給付（業務災害）、遺族給付（通勤災害）**です。受給対象となるのは、**死亡した人の収入によって生計を維持していた配偶者、子ども、父母など**です。ただし、妻以外の遺族が受給対象となるには、労働者の死亡時に一定以上の高齢か年少、あるいは一定の障害があることが条件になっています。

給付金には**遺族（補償）年金と遺族（補償）一時金**の2種類があります。遺族（補償）年金は、遺族数などに応じて内容が変わりますが、その他に遺族特別支給金（一時金）として**300万円が支給**されます。遺族（補償）一時金は、遺族（補償）年金を受ける遺族がいない場合、配偶者や子・父母・孫など最先順位者へ給付基礎日額の1000日分が支給されます。詳しくは労働基準監督署に確認するとよいでしょう。

請求の手続きは、所轄の労働基準監督署に遺族補償年金支給請求書または遺族年金支給請求書を必要書類とともに提出します。

亡くなった日の翌日から5年経過すると、時効によって請求できなくなるので注意が必要です。

知って得する！ お金と制度

●もらえるお金

遺族特別支給金（一時金）の**300万円**に、
遺族（補償）年金等を加えた額

●制度のポイント

年金額は遺族の数などによって変わる

■遺族に給付される年金

<table>
<tr><th>遺族数</th><th>遺族（補償）年金</th><th>遺族特別支給金（一時金）</th><th>遺族特別年金</th></tr>
<tr><td>1人</td><td>給付基礎日額の153日分（ただし、遺族が55歳以上の妻か一定の障害がある妻の場合は、175日分）</td><td rowspan="4">300万円</td><td>算定基礎日額の153日分（ただし、遺族が55歳以上の妻か一定の障害がある妻の場合は、175日分）</td></tr>
<tr><td>2人</td><td>給付基礎日額の201日分</td><td>算定基礎日額の201日分</td></tr>
<tr><td>3人</td><td>給付基礎日額の223日分</td><td>算定基礎日額の223日分</td></tr>
<tr><td>4人以上</td><td>給付基礎日額の245日分</td><td>算定基礎日額の245日分</td></tr>
</table>

■遺族（補償）年金の受給資格者と受給順位

<table>
<tr><th>順位</th><th>遺族</th><th colspan="2">労働者の死亡当時の状態</th></tr>
<tr><td rowspan="2">1</td><td>妻</td><td rowspan="11">死亡した労働者の収入によって生計を維持している</td><td></td></tr>
<tr><td>夫</td><td>60歳以上、または障害の状態である</td></tr>
<tr><td>2</td><td>子</td><td>18歳到達年度の末日までの間にある、または障害の状態である</td></tr>
<tr><td>3</td><td>父母</td><td>60歳以上、または障害の状態である</td></tr>
<tr><td>4</td><td>孫</td><td>18歳到達年度の末日までの間にある、または障害の状態である</td></tr>
<tr><td>5</td><td>祖父母</td><td>60歳以上、または障害の状態である</td></tr>
<tr><td>6</td><td>兄弟姉妹</td><td>18歳到達年度の末日までの間にある、または60歳以上、または障害の状態である</td></tr>
<tr><td>7</td><td>夫</td><td>55歳以上60歳未満（障害の状態ではない）</td></tr>
<tr><td>8</td><td>父母</td><td>〃</td></tr>
<tr><td>9</td><td>祖父母</td><td>〃</td></tr>
<tr><td>10</td><td>兄弟姉妹</td><td>〃</td></tr>
</table>

退職金

退職金をよりお得に受け取る方法はありますか？

退職金の受け取り方には種類があり、課税額も異なります。受け取り方は、退職金を定年あるいは中途退職時に一括で受け取る**一時金受取**、退職金を分割し年金形式で受け取る**年金受取**、**両者を併用しての受取**から選択できます（公務員は一時金受取のみ）。

退職金には所得税と住民税が課税されますが、一時金受取の場合、**退職所得控除**という税制面での優遇措置が施されます。退職所得控除額は、**勤続年数20年以下ならば40万円×勤続年数、勤続年数20年超ならば70万円×（勤続年数－20年）＋800万円**になり、超えた分の2分の1の金額が課税対象となります。

年金受取の場合は、分割で受け取った分の残りの資金が**支払い期間中にも運用**されるため、**最終的な受取総額は一時金受取よりも高額になる可能性もあります。**さらに、公的年金等控除で**年間70万円まで非課税**になります。

一時金受取で課税対象となる分を年金受取に回せば、税金の負担をグッと減らせます。一時金受取と年金受取、それぞれの控除制度を踏まえたうえで、併用制度を検討してみましょう。

知って得する！ お金と制度

●得するお金

【一時金受取の場合の退職所得控除額（優遇税制）】

・勤続年数（A）が20年以下＝**40万円×A**
→80万円に満たない場合は、**80万円**
・勤続年数（A）が20年超＝**800万円＋70万円×（A－20）**
→**800万円超**の退職金が非課税になる

●制度のポイント

同じ額面の退職金でも、受取方法次第で手元に来る総額が変わる

退職金の一時金受取と年金受取　どっちがお得？

一時金受取と年金受取には、それぞれ特徴がある。下表を参考に、どちらを選択するのか、あるいは併用受取にするのか、退職前に考えておこう。

	メリット	注意点
一時金受取	勤続年数が長ければ長いほど、所得控除額が高くなる	退職時に「退職所得の受給に関する申告書」を提出しないと税金が源泉徴収される（払いすぎた税金を取り戻すには確定申告が必要）
年金受取	運用の利息で受取総額を増やせる	支払期間が短い場合、1年あたりの所得が増え、課税額も高くなる。勤めていた企業の業績悪化等で将来の支給額が減る可能性もある

失業給付の受給期間延長

病気ですぐに働けない…。どうしたらいいですか?

失職しても病気やケガ、妊娠・出産・育児、親族の介護などで、**すぐに就職できない状態は「失業の状態」とは認められず、失業給付が受け取れません。**また、**失業給付は退職日の翌日から1年以内**にしか受けられないため、受給開始が遅れて途中で支給期限を迎えてしまうと、はみ出した分は受給できなくなります。

たとえば、失業給付の受給権利が１８０日分あっても、４カ月間、病気療養のために失業給付の受給ができなかった場合、完治してから受給を始めても60日分しか受給できず、残りの１２０日分が期限切れで無効になってしまいます。

この問題を解消するのが**受給期間の延長申請**です。この手続きをしておくと、妊娠・出産・育児や病気療養・負傷などの正当な理由で30日以上働けないという場合、**最大で3年、受給期間を延長**できます（支給期限の先延ばしで、受取総額が増えるわけではありません）。

申請は、延長後の受給期間の最後の日まで可能です。ただし、**期間内であっても、申請が遅いと、所定給付日数のすべては受給できなくなる可能性**があるため、早めに確認しましょう。

知って得する！ お金と制度

●もらえるお金

本来受給できる失業給付と同額

●制度のポイント

無効になってしまう失業給付が、期間の延長申請で受給可能になる

届け出ガイド

●もらえる人

病気やケガで療養中、妊娠・出産・育児（3歳未満）中の人、親族の介護が必要な人、定年後（65歳未満）に休養してから再就職を希望する人

●手続きの場所

居住地を管轄するハローワーク

●必要書類

受給期間延長申請書（ハローワークで受け取る）、離職票や母子手帳、診断書など

●いつから？

退職の翌日から3年以内に（60歳以上の定年等の場合は、離職日の翌日から2カ月以内）

●手続きのポイント

申請が遅いと所定給付日数の満額を受給できない可能性がある

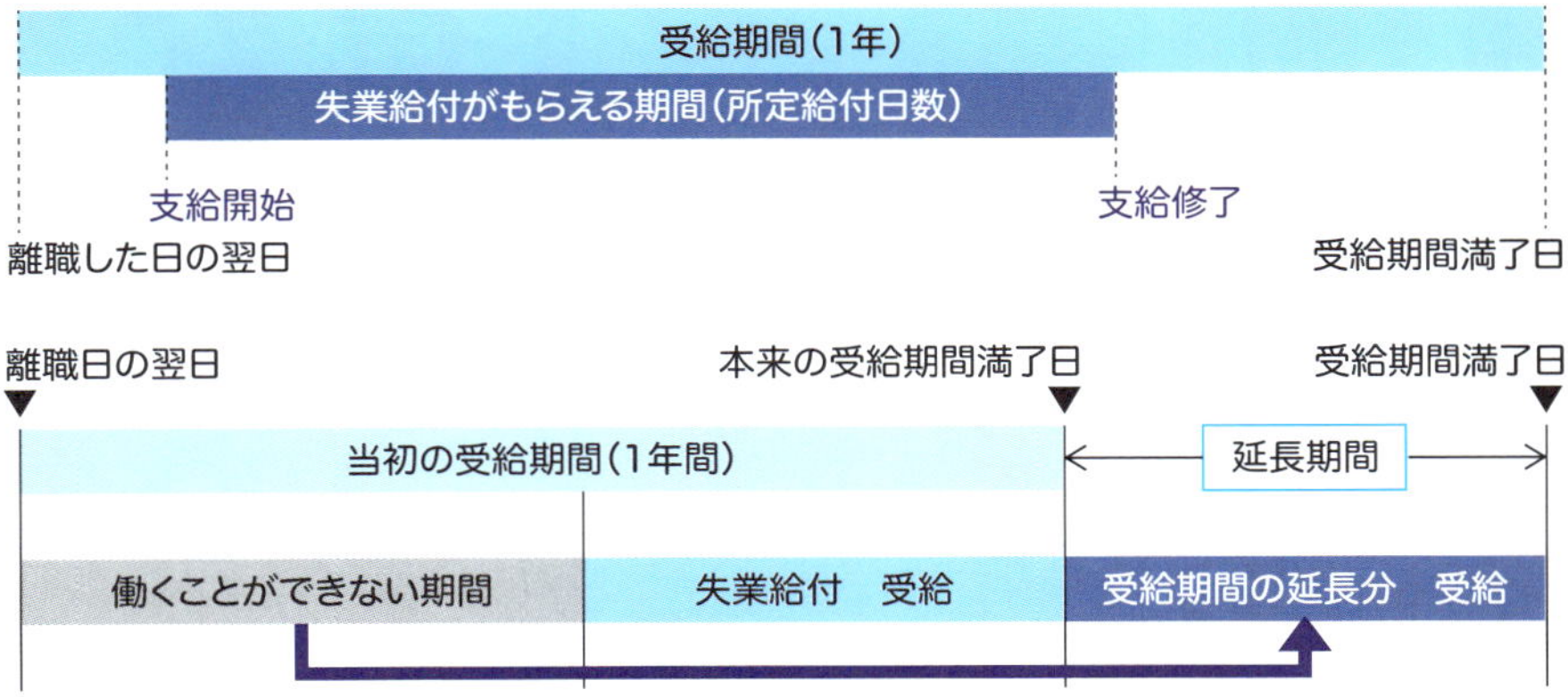

職業訓練支援制度

就職活動が有利になるよう、資格やスキルを取得したい！

再就職を促すための公共の制度の一つに、**職業訓練**があります。この制度には**公共職業訓練**と**求職者支援訓練**の2種類があり、対象者や訓練実施主体が異なります。

公共職業訓練は、**失業給付の受給資格を持つ人**が対象で、公共職業訓練校あるいは同校委託の訓練機関で受講します。受講できる内容は、**電気・電子系やデザイン系、化学系など**広範囲にわたり、**生産加工系も充実**しているのが特徴です。

求職中の場合は居住地を管轄するハローワークで、再就職のために職業訓練が必要と認められれば受講できます。

もう一方の求職者支援訓練は、**就職に積極的な意思を示しながらも、雇用保険を受給できない人**が対象です。**事務系やサービス関係**の訓練が多く、企業や学校、NPO法人などで受講します。テキスト代や工具代、作業服、保険料などは実費負担となります。

なお、**月収8万円以下、世帯全体の金融資産が300万円以下**であることなどの条件を満たせば、**職業訓練受講給付金**（職業訓練受講手当と通所手当）として**月額10万円が支給**されます。

知って得する！ お金と制度

●得するお金

無料で職業訓練が受講できる

●制度のポイント

各人に適した訓練として「公共職業訓練」と「求職者支援訓練」の2種類がある

届け出ガイド

●得する人

公共職業訓練 失業給付の受給資格を持つ人

求職者支援訓練 就職に積極的な意思を示しながらも、雇用保険を受給できない人

●もらえる人

以下の条件を満たせば「職業訓練受講給付金」も！

- 雇用保険に加入できなかった人
- 加入期間が足りず失業給付を受給できなかった人
- 失業給付の受給中に再就職できなかった人

●手続きの場所

居住地を管轄するハローワーク

●手続きのポイント

次のすべての要件を満たすことが必要

- 本人の収入が月8万円以下
- 世帯全体の収入が月25万円以下
- 世帯全体の金融資産が300万円以下
- 訓練に欠かさず参加している
- 自宅以外の不動産を所有していない
- 同世帯に当該給付金を受給し、訓練を受講している者がいない
- 過去３年以内に失業等給付等の不正受給をしていない

教育訓練給付

働きながらスキルアップを目指したい

人生100年時代といわれ、これまでのように定年まで一つの会社で勤め上げればよい、という考えは通用しなくなってきました。定年後も働き続けたり、いくつもの業種で経験を重ねたりする必要から、一つのキャリアを極めるだけでは不十分です。

このような観点から、**スキルアップや資格取得のためにかかる費用を国が支援する教育訓練給付制度**があります。**教育訓練給付金**は、厚生労働大臣に指定された教育訓練講座を受講するとその一部が助成されるもので、在職者も失業者も受給することができます。

給付の種類には、通信講座などでも受講できる**一般教育訓練給付**と、より専門的な資格を目指す講座が対象となる**専門実践教育訓練給付金**があります。具体的には、看護師・美容師・調理師・保育士・はり師・社会福祉士などの資格です。

さらに、2019年10月には、**特定一般教育訓練給付金**が新設されました。これは、税理士・社会保険労務士講座、介護職員初任者研修などを対象とし、受給するには**「訓練前キャリアコンサルティング」の受講**が必須です（38ページ参照）。

知って得する！ お金と制度

●もらえるお金

一般教育訓練給付金 支払った費用の**20%**（上限10万円／１回限り）
専門実践教育訓練給付金 支払った費用の**50%**（上限年間40万円）
特定一般教育訓練給付金 支払った費用の**40%**（上限年間20万円）

※ただし、いずれも4000円を超えない場合は支給されない

●制度のポイント

教育訓練給付の対象となる講座は多彩で、在職者も失業者も受給できる

届け出ガイド

●もらえる人

在職者の場合…雇用保険の被保険者期間が通算3年以上、初めて利用する場合は1年以上（専門実践教育訓練給付金については2年以上）

離職者の場合…離職の日の翌日以降、受講開始までの期間が1年以内の人。雇用保険の被保険者期間の条件は、在職者と同じ

●手続きの場所

居住地を管轄するハローワーク

●手続きのポイント

受給資格の有無や、それぞれの給付の対象となる講座を知りたいときは、ハローワークもしくは指定講座を行っているスクールで確認を

再就職手当

再就職が決まったら一時金がもらえるの？

雇用保険の失業給付金を受け取っている人が、一定以上の支給日数を残して就職した場合、再就職先で1年以上働くことなどを条件に、**再就職手当が一時金として支給**されます。失業給付金の受給期限までの残額の60～70%を受け取ることができますが、早く再就職すると、より給付率が高くなります。

また、再就職から6カ月が経過して、その間に支払われた1日あたりの賃金が前職よりも低い場合には、**就業促進定着手当**が一時金として支払われます。

届け出ガイド

●もらえる人

再就職手当 基本手当（失業給付）の支給日数が3分の1以上残っている人

就業促進定着手当 再就職手当を受けて再就職先に6カ月以上勤め、その間の賃金が前職よりも低い人

●手続きのポイント

再就職手当 再就職先で「採用証明書」をもらい、就業した翌日から1カ月以内に申請書をハローワークに提出

就業促進定着手当 再就職した日から6カ月経過した日の翌日から2カ月間に申請する。再就職の約5カ月後にハローワークから送られてくる支給申請書と申請書類をハローワークに提出

第2章

年金・保険・相続

年金制度

年金は何歳から、どんな人がもらえるの？

公的年金制度は、日本に住所のある20歳以上60歳未満の人が加入しなければならない**国民年金**と、企業労働者や公務員が加入する**厚生年金**の2階建て構造になっています。日本では、**老齢世代が受け取る年金を現役世代が支える「賦課《ふか》方式」**が基本です。しかし、少子高齢化で現役世代の負担が大きく、改革が続いています。

年金は、定年退職や病気、ケガなどで収入が途絶えてしまった世帯にとって、貴重な収入源です。年金制度には、原則として65歳から受け取れる**老齢年金**、被保険者が死亡した際に子のある配偶者または子に支払われる**遺族年金**、その他、プライベートの病気やケガが原因で障害の状態であると認められた人を対象とした**障害年金**があります。

保険の加入者のうち、第1号被保険者は、**自営業者や学生、無職の人**など日本国内に住む20歳以上60歳未満のすべての人で、**保険料は月額1万6540円**（2020年度）。第2号被保険者は、**会社員や公務員など厚生年金の加入者**で、その保険料は給与額により異なり、給与から天引きされます。第3号被保険者は、**第2号被保険者に扶養されている配偶者**で、保険料の負担はありません。

知って得する！ お金と制度

●制度のポイント

・公的年金制度は国民年金と厚生年金の2階建て構造

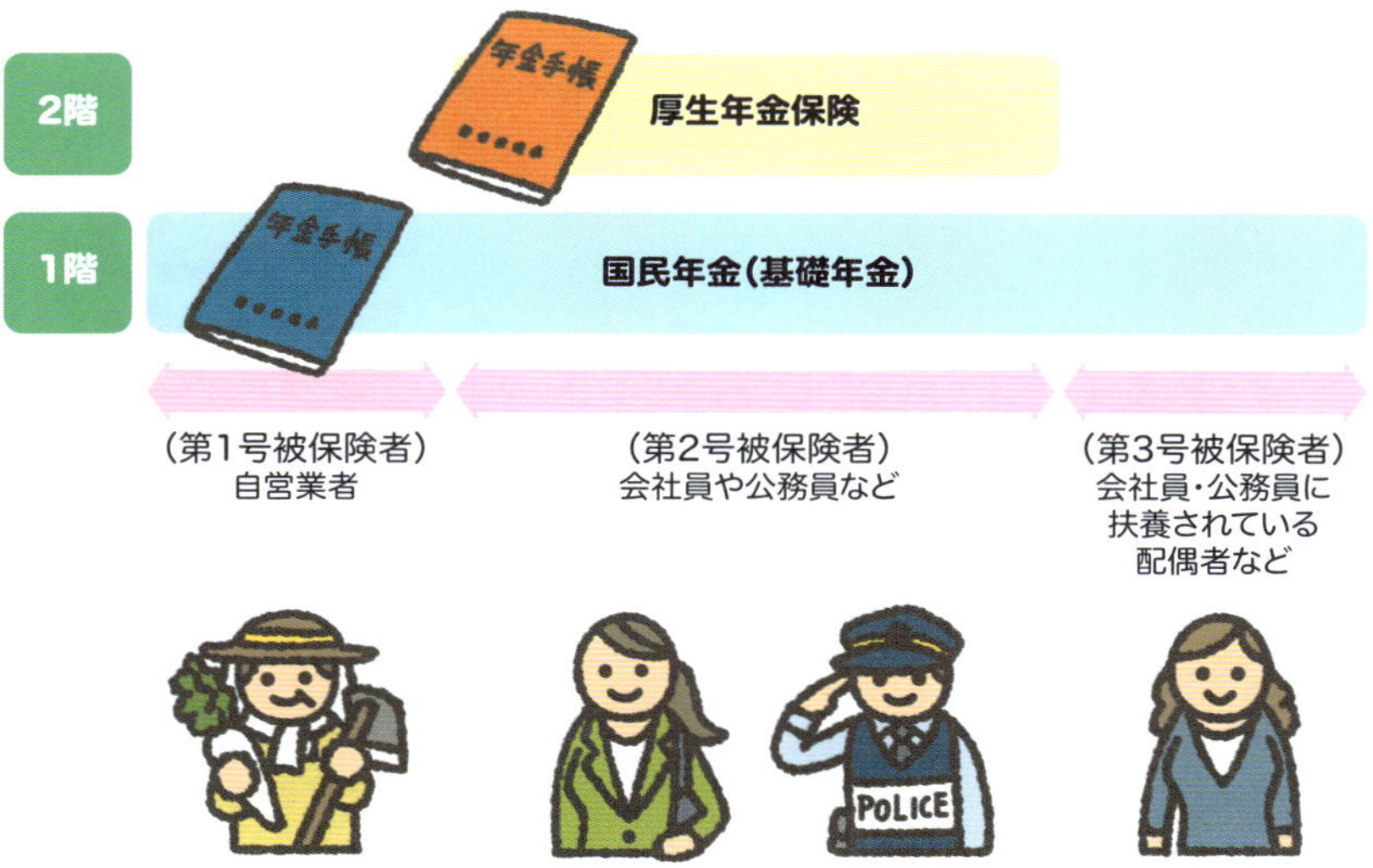

・年金給付には、老齢年金と遺族年金、障害年金の３つがある

厚生年金	老齢厚生年金	遺族厚生年金	障害厚生年金
国民年金	老齢基礎年金	遺族基礎年金	障害基礎年金

老齢年金

年金を前倒しで受け取れますか？

老齢年金は、**老齢基礎年金**と**老齢厚生年金**に分けられます。老齢基礎年金は、**国民年金に10年以上加入していた人が65歳から生涯受け取れる年金**で、厚生年金に加入していた人は、さらに老齢厚生年金が上乗せされます。

保険料を長期間納付するほど支給額は多くなり、**満額もらえるのは20歳から40年間納めた場合で、月6万5141円（2020年度）**です。

60歳以上なら繰り上げて受給できます。ただし、**1カ月繰り上げるごとに0・5％減額**され、例えば、2年繰り上げて63歳から受給すると12％減額されます。その支給額は生涯続き、さらにその後、病気やケガで障害を負っても障害基礎年金を受給できなくなります。

一方、**受給年齢を繰り下げることで受給額を増やす**選択肢もあります。**1カ月繰り下げるごとに0・7％増額**され、最大で5年、**70歳から受給すると42％の増額**が一生涯適用されます。

また、老齢厚生年金も繰り上げ・繰り下げ受給ができ、増減率は老齢基礎年金と同じです。申請は老齢基礎年金の繰り上げ・繰り下げと同時に行います。

知って得する！ お金と制度

●もらえるお金

老齢基礎年金　6万5,141円（満額の場合の月額）

老齢厚生年金　22万724円

（夫婦２人の老齢基礎年金を含む標準的な月額）

（いずれも毎年変動、厚生労働省プレスリリース2020年１月発表より）

●制度のポイント

最大5年の繰り上げ・繰り下げができ、受給開始月を1カ月早めるごとに0.5%減額、1カ月遅くするごとに0.7%増額

届け出ガイド

●もらえる人

国民年金の保険料を10年以上納付し、65歳で受給権が発生する人

●手続きの場所

年金事務所、街角の年金相談センター

●必要な書類

年金請求書、戸籍謄本・戸籍の記載事項証明書・住民票・住民票記載事項証明書のいずれか（年金請求日の6カ月以内に発行）、預金通帳（金融機関の口座がわかるもの）、印鑑（認印でも可）

●手続きの期間

65歳の誕生日の前日以降（繰り上げ受給する場合は、60歳から）、5年以内

●手続きのポイント

・65歳になる3カ月前に「年金請求書」が届く

・60歳までに受給資格を満たしていない、または納付期間が40年に満たず、老齢基礎年金を満額受給できない人は、60～65歳になる前であれば、国民年金に「任意加入」することが可能

加給年金

扶養家族がいると年金は増えるの？

65歳になった時点で、**65歳未満の配偶者や18歳までの子どもの生計を維持**している場合、老齢年金や老齢厚生年金のほかに、**加給年金**がプラスされる場合があります。

これは、**厚生年金に20年以上加入**していた人が対象です。65歳以降に退職して厚生年金の加入期間が20年以上になった人も、その時点で配偶者が65歳未満であれば対象になります。

また、**老齢年金を繰り上げ受給している人も、加給年金が加算されるのは65歳から**です。逆に、老齢年金受給を繰り下げている間に配偶者や子どもが対象年齢を過ぎてしまうと受給できません。**加給年金は、配偶者が65歳まで、または子どもが18歳になった年度末までの期間限定の制度**です。

配偶者が65歳になると打ち切りになる加給年金ですが、まったくなくなるわけではなく、**65歳からの配偶者の老齢基礎年金に一定額が加算**されます。これを**振替加算**といい、自動的に振替加算に切り替わるので、手続きはいりません。

なお、生計を維持していた夫が65歳になっても妻が年上であれば加給年金はもらえませんが、振替加算は受給できることになります。

知って得する！ お金と制度

●もらえるお金

65歳未満の配偶者がいる　22万4,900円（年額）

18歳到達年度の末日までの子どもがいる　22万4,900円（年額）

（子どもひとりあたりの金額、2人までは同額。3人目以降の子はひとりあたり７万5,000円）

※老齢厚生年金を受けている人の生年月日に応じて、配偶者の加給年金にさらに33,200 ～ 166,000円が特別加算される

※金額は2020年4月現在

●制度のポイント

・65歳から老齢基礎年金・老齢厚生年金に上乗せされる

・配偶者が65歳未満、子どもが18歳到達年度末日までが対象

・配偶者が65歳になり老齢基礎年金が支給されるようになると、加給年金は支給停止、または振替加算となる

届け出ガイド

●もらえる人

厚生年金の被保険者期間が20年以上で、65歳になった人、対象年齢の配偶者、子どもの生計を維持している人

●手続きの場所

年金事務所、街角の年金相談センター

●必要な書類

戸籍謄本、世帯全員の住民票の写し、配偶者や子の所得証明書または非課税証明書（事実婚の場合は「事実婚関係及び生計同一関係に関する申立書」）

●手続きのポイント

・加給年金を受けるには年金事務所などに届け出が必要

・振替加算への届け出は、加給年金の対象ではなかった配偶者が新たに受給する場合のみ

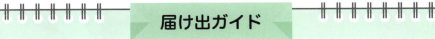

遺族基礎年金

夫を亡くしたときに受給できる年金とは？

たとえば、子どものいる夫婦で生計を維持していた夫が亡くなってしまったとき、残された妻が**遺族基礎年金**を請求できる場合があります。

この年金は、死亡した人が被保険者または被保険者であった場合、**国民年金保険料納付済期間が加入期間の3分の2以上、老齢基礎年金の受給資格期間が25年以上**あることなどを条件に、死亡した人によって生計を維持されていた子のある配偶者、または子に支給されるもの。

この場合の子どもとは、18歳になった年度の末日までの子、あるいは20歳未満で障害年金の障害等級1級または2級の子を指します。

遺族基礎年金は、**受給権利が失われるまで継続して受けとれます**。権利が失われるのは、たとえば、配偶者の場合なら、配偶者が死亡したとき、配偶者が婚姻したとき、配偶者の子すべてが18歳になった年度末日を迎え、または20歳までに障害の状態ではなくなったとき、配偶者の子すべてが離縁によって死亡した人の子でなくなったときなどです。子どもについても同様で、子どもが死亡したとき、子どもが婚姻したとき、子どもが18歳になった年度末日を迎えたときなどです。

知って得する！ お金と制度

●もらえるお金

年金額　78万1,700円＋子の加算（年額）

第1子・第2子　各22万4,900円（年額）
第3子以降　各７万5,000円（年額）
（2020年4月～）

●制度のポイント

加算の対象となっている子どもが、配偶者以外の者の養子となった場合などは、遺族基礎年金の受給の権利が失われ、加算がなくなることがある

届け出ガイド

●もらえる人

死亡した人によって生計を維持されていた子のある配偶者または子ども

・18歳到達年度の末日（3月31日）を経過していない子
・20歳未満で障害年金の障害等級1級または2級の子

●手続きの場所

年金事務所、市区町村役場の年金窓口、街角の年金相談センター

●必要な書類

死亡した人の除籍謄本と住民票の除票、請求者の家族全員の戸籍謄本、請求者の世帯全員の住民票と収入証明、死亡診断書、通帳の写し、印鑑

●手続きのポイント

・亡くなった人がまだ年金を受給していない場合は「国民年金保険者死亡届」を市区町村役場に提出。年金受給中の場合は「年金受給者死亡届」を年金事務所に提出
・「遺族年金裁定請求書」と必要書類を市区町村役場の年金窓口等に提出

障害年金

病気が悪化して退職することに…

病気やケガなどが原因で障害の状態であると認められた場合、**障害基礎年金**または**障害厚生年金**を受給できます。

障害年金の対象となる病気やケガは、**手足や眼・聴覚の障害**などのほか、**統合失調症・うつ病・てんかんなどの精神障害**や、**がん・糖尿病などの内臓疾患による障害**も含まれます。

障害基礎年金の受給条件は、初診日の時点で65歳未満であり、初診日の前々月までの国民年金加入期間のうち、3分の2以上にわたって保険料が納付または免除されていること、あるいは初診日の前々月までの1年間に保険料の未納がないことです。また、保険料納付前の未成年のときに障害があると診察された場合でも、20歳以降に受給できることがあります。

厚生年金加入中の病気やケガが原因で、受給要件を満たせば、**障害基礎年金に上乗せして、障害厚生年金も受給**できます。

障害基礎年金は障害等級1級と2級が対象ですが、障害厚生年金は3級から対象となります。支給額は、勤務時の収入や保険の加入期間、配偶者の有無によって増減します。

知って得する！ お金と制度

●もらえるお金

年金額（障害基礎年金） ※2020年4月～

障害等級1級：**78万1,700円**×1.25＋子の加算（年額）

障害等級2級：**78万1,700円**＋子の加算（年額）

第1子・第２子　各**22万4,900円**（年額）

第3子以降　　　各**７万5,000円**（年額）

●制度のポイント

・国民年金加入者は、障害等級１・２級が支給対象

・障害厚生年金は、障害等級３級も支給対象となる

届け出ガイド

●もらえる人

・障害基礎年金は、障害等級1級、２級
　障害厚生年金は、障害等級１級、２級、３級

・初診日の時点で65歳未満、初診日の前々月までの国民年金加入期間の2/3以上、保険料を納付または免除

・初診日の前々月までの１年間に保険料の未納がない

・20歳前に障害の原因となる病気やケガの初診日がある
（初診を受けた日から１年６カ月後、または初診を受けた日から１年６カ月以内に治療の効果が期待できない状態になった日〈症状固定〉と認定された人）

●手続きの場所

市区町村役場の年金窓口、年金事務所、街角の年金相談センター

●必要な書類

障害年金請求用の診断書、病歴就労申立書、本人の住民票、
家族がいる場合戸籍謄本、世帯全員の住民票、所得証明書　等

●手続きのポイント

障害認定日から65歳誕生日の前々日までに提出
（障害認定日は、障害によって異なる。障害の状態は人によって変わるので、年金事務所等で相談すること）

個人年金

公的年金だけでは老後が不安です

公的な年金制度だけでは老後が不安だという人には、私的年金としての**個人年金保険**や**個人型確定拠出年金**があります。民間の生命保険会社が扱っている個人年金保険は、**貯蓄性の高い保険商品**で、受け取り方によって、**終身年金・確定年金・有期年金・夫婦年金**の４種類に分けられます。

場合によっては元本割れをしてしまうケースもあるので慎重に選ぶ必要がありますが、保険料控除で**節税効果**も期待できますので、検討の価値はあるでしょう。

一方、**i《イ》De《デ》Co《コ》**の愛称で呼ばれる個人型確定拠出年金は、自分で運用して年金を増やす私的年金です。その特徴は、個人が掛金を決め、それを運用し、損益が反映された金額を60歳以降に受け取るというもの。企業型との主な違いは、加入が任意である点、掛金の拠出者が加入者本人である点（企業型は事業主が加入）です。

拠出限度額は、対象者の分類によって異なります。最大のメリットは、**掛金の全額が所得控除の対象で、運用によって得た利益にも税金がかからない**ところです。ただし、運用によっては**損失が出る場合もある**ので注意が必要です。

知って得する！　お金と制度

●得するお金

個人型確定拠出年金は、掛金を運用して得た利益を含む積立金が、公的年金に上乗せして受け取れる年金

●制度のポイント

60歳未満だった加入期限が、2020年から65歳未満まで延長。掛金の全額と、運用によって得た利益が所得控除の対象となる

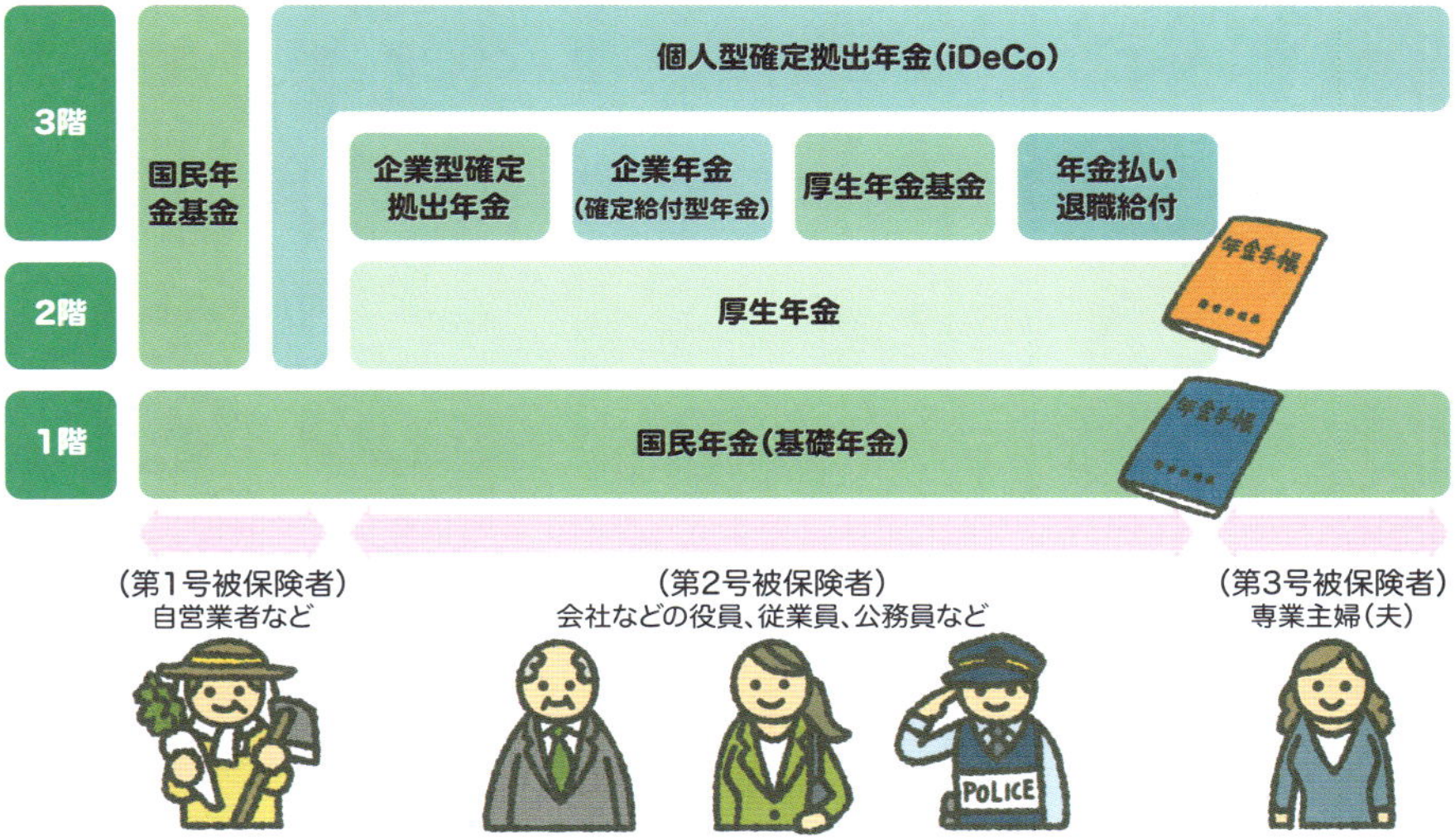

■対象者別「iDeCo」の拠出限度額

拠出金（掛金）は月額5,000円から、1,000円単位で自由に設定ができる

加入対象者	拠出限度額
国民年金第1号被保険者	81万6,000円／年（6万8,000円／月）
企業年金のない企業の従業員	27万6,000円／年（2万3,000円／月）
国民年金第3号被保険者	27万6,000円／年（2万3,000円／月）
企業型確定拠出年金加入者（他の企業年金無し）	24万円／年（2万円／月）
企業型確定拠出年金加入者（他の企業年金有り）	14万4,000円／年（1万2,000円／月）
公務員など	14万4,000円／年（1万2,000円／月）

遺産相続

親の遺産を相続するときの決まりはありますか？

遺産の相続にはいくつかのステップがありますので、その流れと各種手続きの期限を把握しておきましょう。

財産や権利・義務の所有者（被相続人）が死亡したら、その日（相続開始日）から7日以内に被相続人の本籍地や届出人の住所地の各市区町村役場に**死亡診断書**を提出します。その後、財産や債務額の調査を行い、相続財産よりも債務のほうが多いときには、**相続開始日から3カ月以内**に家庭裁判所に届け出ることで**相続の一切を放棄（相続放棄）**することができます。

被相続人による遺言書がある場合は、その内容に従って遺産を分配しますが、ない場合は相続人同士で協議を行い、相続人全員の自署と印鑑証明書に登録されている実印を押印した**遺産分割協議書**を作成します。

相続人は、被相続人が死亡した日（相続開始日）から**4カ月以内に所得税の申告と納付**を行う必要があります。また、相続した資産が相続税の課税対象になった場合は、被相続人の**死亡を知った翌日から10カ月以内**に被相続人が最後に住んでいた**市区町村の税務署に申告し、納税**を行います。

知って得する！ お金と制度

●もらえるお金

・遺産相続で受け継がれるものは、現金・預貯金・有価証券・貴金属・土地・家・家財道具・車など

・相続の配分には「法定相続分」といって、法律で定められた取り分の割合がある

●制度のポイント

・被相続人の配偶者は常に相続人となる

・手続きの一部は税理士や司法書士、弁護士などの専門家に依頼可能

法定相続人とは？

被相続人との関係のうち、どこまでを相続人として扱うかは民法で以下のように規定されている。ただし、被相続人の意思で遺言書などを遺しておけば、法定相続人以外にも財産を分配できる。

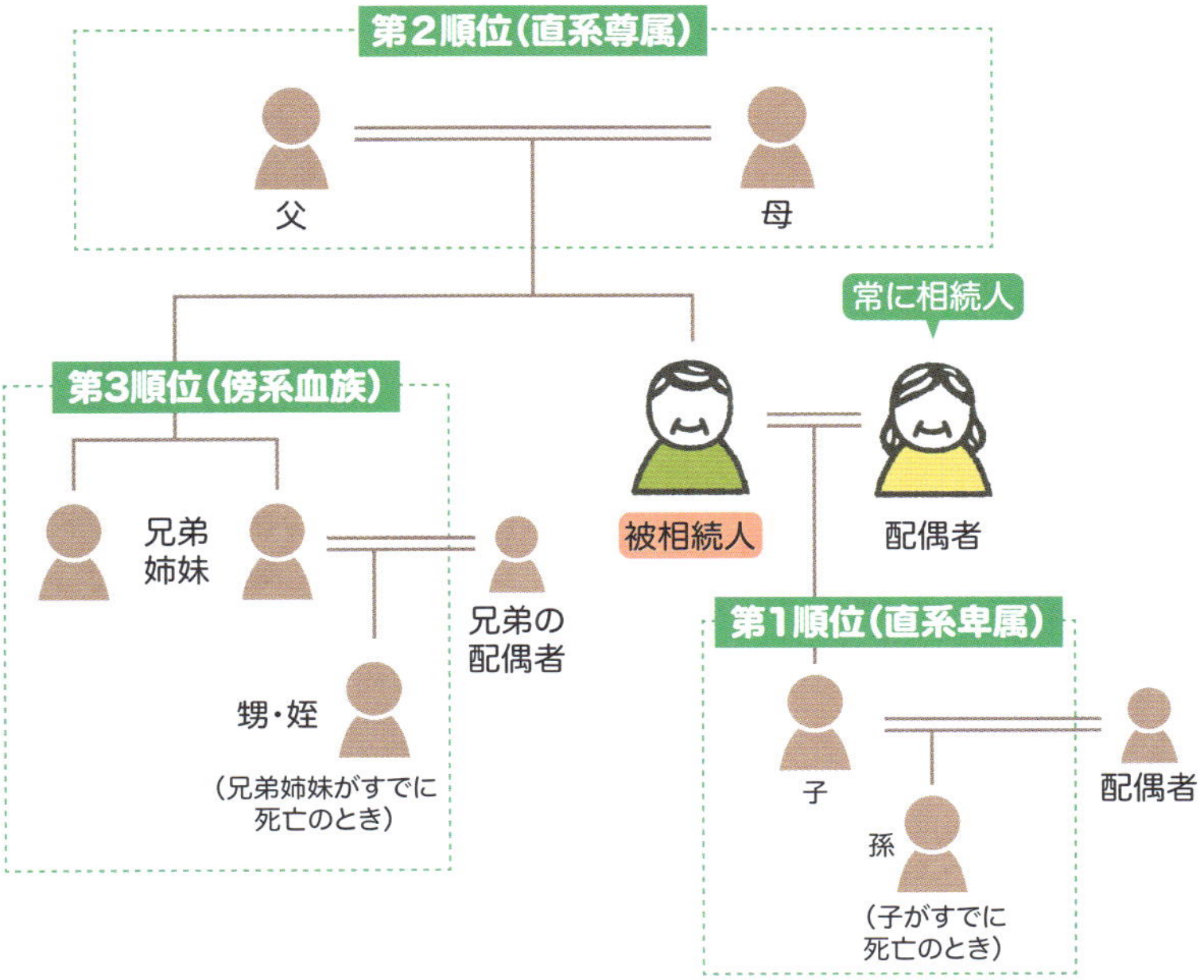

相続税と贈与税

税金がかからないように子どもに財産を残すには？

自宅の建物や土地、預貯金などを家族に残す際に気になるのが、**相続税**などの各種税金です。被相続人の死後にまとまった金額を相続する場合、定額控除（3000万円）＋法定相続人比例控除（600万円×法定相続人の人数）を超える金額が課税対象となります。

一方、生前に財産を分与する**生前贈与**という方法もあります。生活費などを除いて**年間110万円以内の贈与であれば非課税**になります。ただし、遺産相続を開始した日の3年前までの贈与は相続税の対象となる点に注意しましょう。

まとまった金額を贈与するときにおすすめなのが、**相続時精算課税制度**の利用です。これは、贈与する年の1月1日に60歳以上の親や祖父母が、20歳以上の子または孫に贈与する場合に利用できる制度です（限度額あり）。

まず**贈与時に贈与税を納め**、その後、贈与者が亡くなったときに贈与財産を含めて相続税を計算し、**相続税と事前に支払った贈与税との差額の還付を受ける**というもの。相続税を〝前払い〟する形で、贈与税よりも負担の軽い相続税の税率を適用する、生前贈与の心強い制度です。

知って得する！ お金と制度

●もらえるお金

生活費などを除いて**年間110万円以下**の贈与は、申告不要で非課税

●制度のポイント

生前贈与は相続時精算課税制度も選択可能

■贈与税の税率

贈与された金額が基礎控除額の110万円を超えた場合は、表の税率や控除額に従って税金が計算される。例えば、父親から2,000万円贈与された場合は、（2,000万円－基礎控除額110万円）×45％－控除額265万円＝585万5,000円が子の税金となる。

（年間の贈与財産 － 基礎控除110万円）× 税率 － 控除額 ＝ 贈与税額

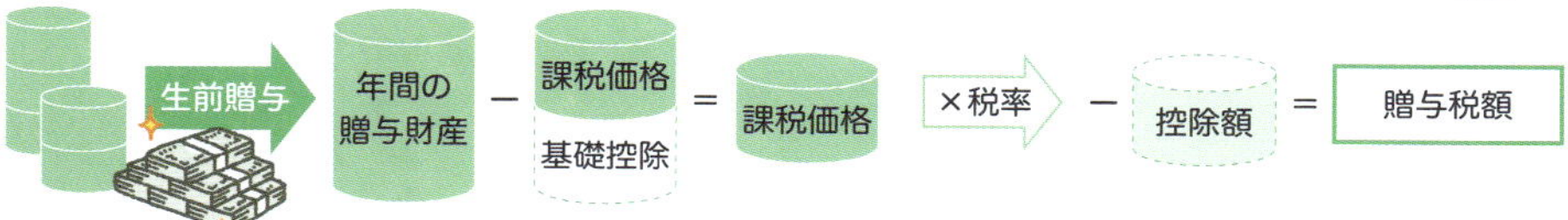

（2,000万円 － 110万円 ＝ 1,890万円）× 45％ － 265万円 ＝ 585万5,000円

直系尊属（両親と祖父母）から20歳以上の者への贈与の場合（特別税率）

贈与額	税率	控除額
200万円以下	10%	—
400万円以下	15%	10万円
600万円以下	20%	30万円
1,000万円以下	30%	90万円
1,500万円以下	40%	190万円
3,000万円以下	45%	265万円
4,500万円以下	50%	415万円
4,500万円超	55%	640万円

それ以外の場合（一般税率）

贈与額	税率	控除額
200万円以下	10%	—
300万円以下	15%	10万円
400万円以下	20%	25万円
600万円以下	30%	65万円
1,000万円以下	40%	125万円
1,500万円以下	45%	175万円
3,000万円以下	50%	250万円
3,000万円超	55%	400万円

土地や建物の相続（相続税の節税①）

不動産を相続するときの節税方法は？

相続時の節税として有効なのが、**財産の評価価値を下げる**方法です。不動産の場合は、土地と建物それぞれに評価価値を下げる方法があります。

何の活用もしていない更地の土地は**「自用地《じようち》」**と呼ばれ、このままでは節税効果はありません。この土地を第三者に貸すことで、**「借地権」**という権利が設定され、地域によって異なりますが、確実に**30〜90％もの評価価値を減らす**ことができます。ただし、一度、借地権の設定を行うとなかなか解除はできず、契約を結んでいる間は土地の使用にさまざまな制限がかかるという欠点もあるため、慎重な検討が必要です。

次に、建物の節税方法を見てみましょう（左図）。建物の相続税評価は固定資産税評価額によって行われ、**建築にかかった費用の6、7割ほどの金額で評価**されるケースが多く見受けられます。さらに、建物を貸家にすれば、**借家権割合（原則30％）**の分だけ減額されます。

このように、固定資産税評価額と借家権を併せて利用すれば、建物の評価価値が購入時の半分以下にまで減額できる可能性があり、相続税の節税に効果が大きいというわけです。

知って得する！ お金と制度

●得するお金

土地は**最大で90%**、建物は最大で**購入時の半分以下**に評価額（価値）を下げられる

●制度のポイント

土地や建物は借地権、借家権をつけることで**評価額を下げ**、**節税**することができる

建物を貸家にしたときの評価価値

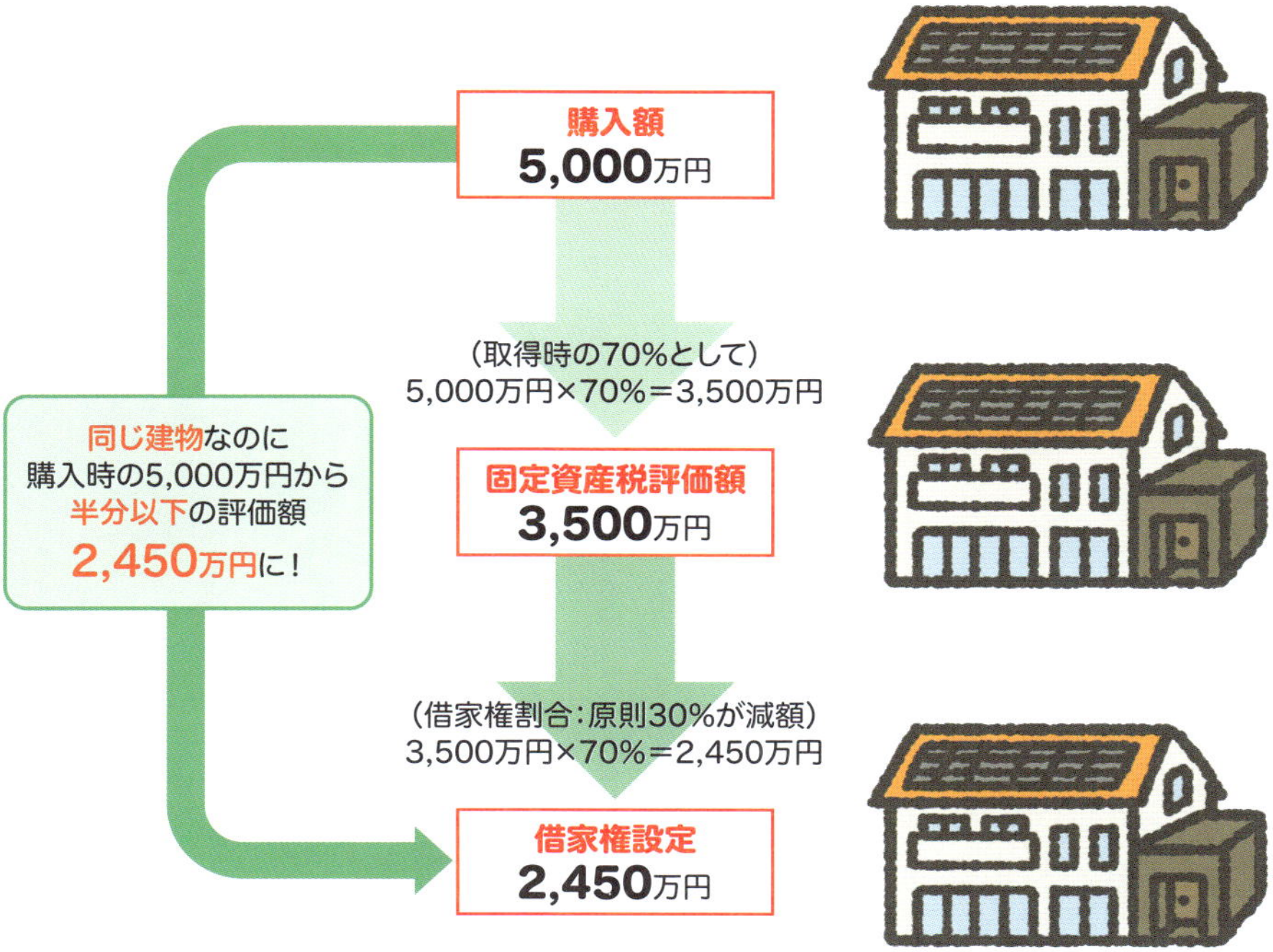

購入額
5,000万円
（取得時の70%として）
5,000万円×70%＝3,500万円
固定資産税評価額
3,500万円
（借家権割合：原則30%が減額）
3,500万円×70%＝2,450万円
借家権設定
2,450万円
同じ建物なのに
購入時の5,000万円から
半分以下の評価額
2,450万円に！

※財産の評価価値を下げる方法にはデメリットもあることに注意

非課税になる相続対象（相続税の節税②）

相続時に、課税対象にならないものとは？

相続税を計算するうえで、骨董的価値のあるものや絵画などの美術品は課税対象となりますが、**社会通念上、適当と認められるものは課税対象になりません。**

たとえば、葬式費用のほか、墓地や墓石、仏壇など、宗教的な意味合いを持ち、礼拝を目的にしているものなどは課税対象外となります。ただし、純金の仏像やお鈴など、**投資の対象となりうるものには相続税がかかります。**

また、宗教や学術などの公益を目的とする事業を行う者が、相続によって得た財産を公益事業に充てる場合や、国や自治体への寄付、個人で経営している幼稚園の事業運営に使われていた財産を相続し、引き続き幼稚園を経営するなど、**公益のために使われることが確実な場合も、課税対象外**となります。

そのほか、相続によって得た生命保険金や退職手当金のうち、**500万円に法定相続人の数を掛けた金額も課税対象外**になります。

また、精神障害や身体障害で生活が困難な者（その者を介護する者も含む）に支給される**心身障害者共済制度の給付金受給権**も非課税です。

第3章

医療・介護

高額療養費制度

医療費が高額に…頼れるサポートはある？

手術や入院をしたときには、健康保険に加入していても医療費が高額になることがあります。その負担を減らすために実施されているのが、**高額療養費制度**です。これは**医療機関や薬局の窓口で支払った額が、月の初めから終わりまでで一定額（自己負担限度額）を超えた場合に、その金額を、申請により支給してくれる制度**です（ただし、月をまたいで治療した場合は、支払った医療費を合算することはできません）。

自己負担限度額は、70歳以上であるか70歳未満であるか、また所得によっても変わります。

たとえば、70歳未満の年金生活者で住民税非課税の人は、ひと月の自己負担限度額は3万5400円で、これを超えた分が申請することで還付となります。

この制度には、さらに負担を軽くしてくれる仕組みがあり、その一つが**世帯合算**。一人の窓口負担では上限を超えなくても、**同じ医療保険に加入している家族分を1カ月単位で合算できる**というものです。もう一つは、**多数回該当**。1年以内に3回以上、上限額を超えて支給を受けた場合は、4回目から自己負担上限額が下がります。

知って得する！ お金と制度

●もらえるお金

窓口で支払った医療費（自己負担額）のうち、**限度額を超えた分**

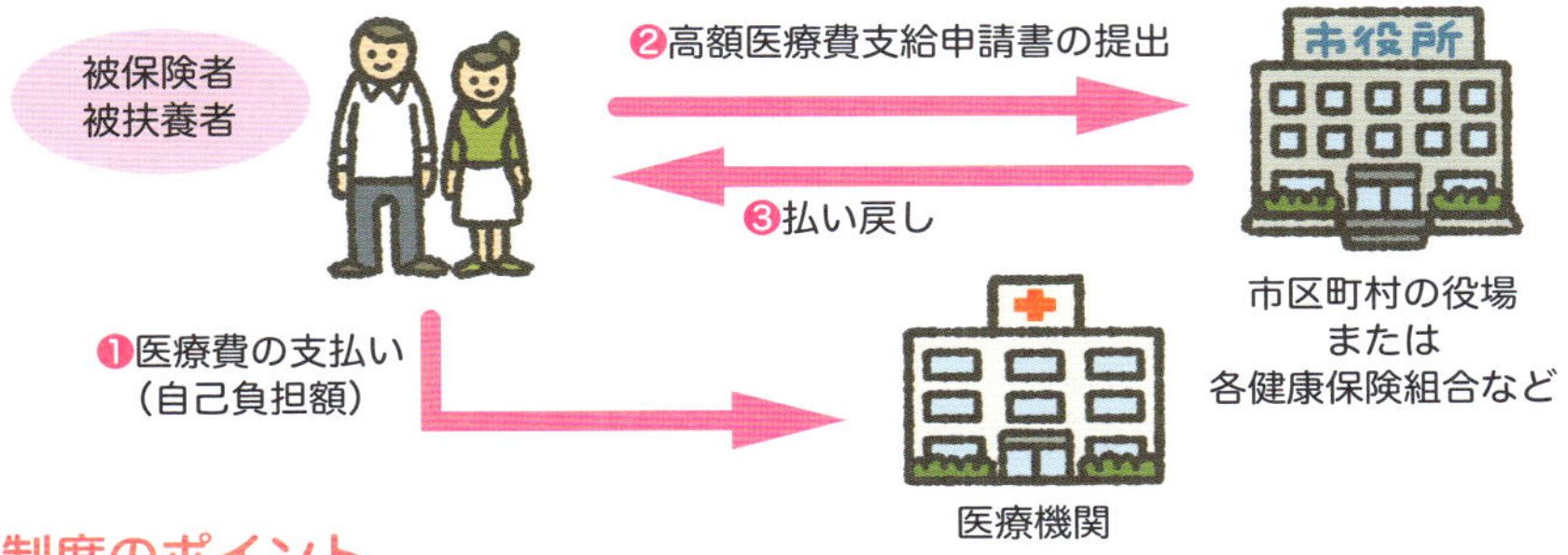

●制度のポイント

- 同じ月の複数の病院での支払いは合算できる
- 同じ健康保険に加入している夫婦などの場合、2人分の医療費を合算して申請できる
- 自己負担限度額を超える回数が多い人には、さらに限度額が下がる制度もある

届け出ガイド

●もらえる人

1カ月の医療費が自己負担限度額を超えた人

●手続きの場所

- 国民健康保険→居住地の市区町村役場
- 健康保険組合・協会けんぽなど→それぞれの組合など

●必要な書類

高額医療費支給申請書、預金通帳の写し、印鑑（場合によっては医療機関の領収書）

●手続きの期間

診療を受けた月の翌月１日から２年以内

●手続きのポイント

各健康保険の運営団体の審査を経たうえで支給されるため、
申請から還付までには3カ月ほどかかる

自立支援医療制度

父が人工透析をしていて費用がかさみます

自立支援医療制度とは、心身の障害の治療などで生じた医療費の自己負担額を軽減する制度です。対象疾患としては、統合失調症などの精神疾患に対する**精神科の通院**医療、肢体不自由に対する**人工関節置換術**、白内障に対する**水晶体摘出術**、心臓機能障害に対する**ペースメーカー埋込術**、腎臓機能障害に対する**腎移植、人工透析**などがあります。

対象の障害や治療に対しては、原則、自己負担額が1割ですが、左ページの表のように、**所得に応じて自己負担額の上限が設定**されています。手続きは、市区町村の担当窓口などで行います。

申請には、自立支援医療費支給認定申請書や自立支援医療診断書、医療保険被保険者証などの写し、世帯の所得が確認できる書類などが必要です。認定されると**自立支援医療受給者証**が交付されるので、病院の窓口で保険証と一緒に提出してください。

自己負担上限月額が設定されている人は、**自己負担上限額管理票**も併せて提出します。継続申請は1年ごとで、期限が切れる3カ月前から再申請ができます。

知って得する！ お金と制度

●得するお金

うつ病の治療や、ペースメーカーの埋め込みなど、継続的な医療費の

自己負担額が軽減

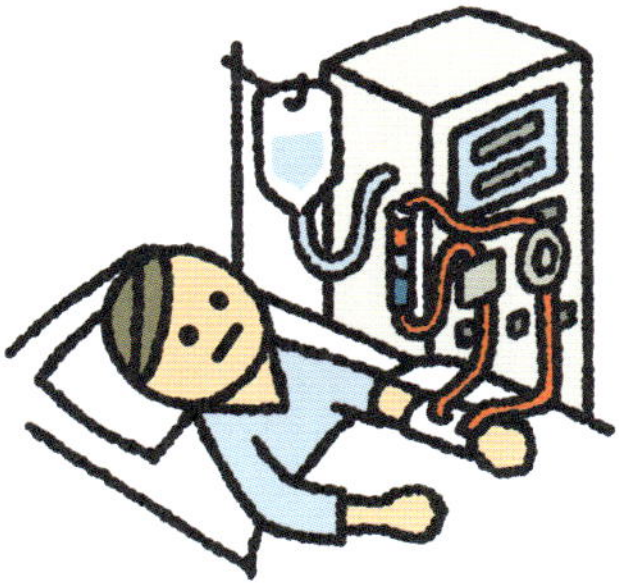

●制度のポイント

指定された医療機関の中から選択した病院・薬局（受給者証に記載）のみで適用になる

■自己負担費用

所得区分（医療保険の世帯単位）			更生医療※1・精神通院医療	育成医療※2	重度かつ継続※3
一定所得以上		市町村民税 23万5,000円以上（年収約833万円以上）	対象外		2万円
中間所得	中間所得2	市町村民税3万3,000円以上23万5,000円未満	総医療費の1割または高額療養費（医療保険）の自己負担限度額	1万円	
	中間所得1	市町村民税3万3,000円未満（年収約290～400万円未満）		5,000円	
低所得	低所得1	市町村民税非課税（低所得1を除く）	5,000円		
	低所得2	市町村民税非課税（本人または障害児の保護者の年収80万円以下）	2,500円		
生活保護		生活保護世帯	0円		

※1　更生医療とは、身体障害者手帳の交付を受けた18歳以上が対象
※2　育成医療とは、18歳未満の身体に障害のある児童が対象
※3　「重度かつ継続」の範囲
・疾病、症状等から対象となる者：
【更生・育成】腎臓機能、小腸機能、免疫機能、心臓機能障害（心臓移植後の抗免疫療法に限る）、肝臓の機能障害（肝臓移植後の抗免疫療法に限る）の者。

【精神通院】①統合失調症、躁うつ病・うつ病、てんかん、認知症等の脳機能障害、薬物関連障害（依存症等）の者。②精神医療に一定以上の経験を有する医師が判断した者。
・疾病等にかかわらず、高額な費用負担が継続することから対象となる者：
【更生・育成・精神通院】医療保険の多数該当の者
（厚生労働省『自立支援医療における利用者負担の基本的な枠組み』をもとに作成）

医療費控除

10万円を超えた医療費は税金が戻るってホント？

1年間（1月1日～12月31日まで）に支払った医療費が10万円（または総所得額の5％）を超える場合は、**医療費控除申告**を行うことで、**税金の還付**が受けられます。本人だけでなく、妻（夫）や子どもの医療費も含まれます。生計を同じくする家族であれば、異なる健康保険に加入していても合算できるため、老親の医療費がかさむ場合など、子どもがまとめて申告することで節税になります。

控除対象額は**「1年間に支払った医療費」－「保険金等で補てんされる金額」－「10万円または所得金額の5％のどちらか少ない額」（最高で200万円）**で計算され、この控除額に所得税率を掛けた金額が還付金として戻ります。たとえば、所得金額が400万円のAさんの場合、所得税率は20％なので、医療費控除対象額が10万円なら2万円が還付されます。一方、所得金額が195万円のBさんは所得税率が5％なので、医療費控除対象額が10万円なら還付は5000円です（左図）。

申請には、**医療費の領収書から「医療費控除の明細書」を作成し、確定申告書に添付して所轄税務署に提出するか、インターネットで申告（e-tax）**します。

知って得する！ お金と制度

●もらえるお金

「1年間に支払った医療費」－「保険金等で補てんされる金額」－「10万円または所得金額の5％」に、所得税率を掛けた金額

●制度のポイント

配偶者や子ども、親などにかかった医療費と合算して申請できる場合がある

■医療費控除の計算方法

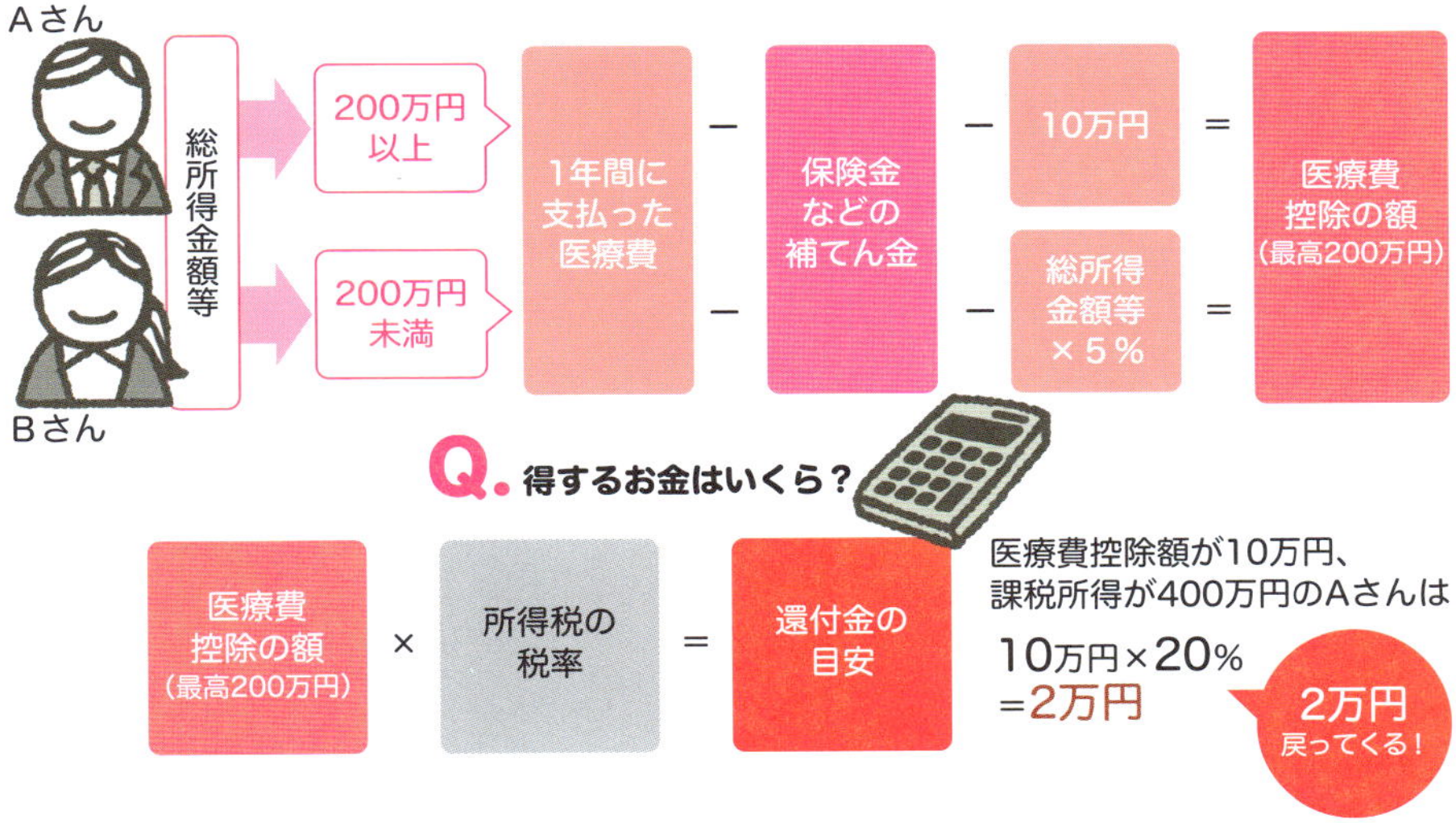

対象になる医療費と対象外のもの

医療費控除には、医療費と認められないものもあるので注意する

●対象となるもの

医師に払った診療費や治療費、異常が見つかって治療を受けることになったときの健康診断費用、虫歯治療費、病気やケガをして購入した市販の医薬品費用、通院や入院のための交通費（原則、電車やバスなどの公共交通機関）など

●対象とならないもの

診断書の作成費用、予防接種費用、美容のための歯科矯正費用、通常の眼鏡・コンタクトレンズ費用、疲労回復のために購入したビタミン剤費用など

医療費控除の特例（セルフメディケーション税制）

市販薬の購入代金がかさんで困っています

市販薬の購入代金が高額になっても、医療費控除を使えないときの特例として、**セルフメディケーション（自主服薬）税制**を利用できる場合があります。

医薬品には、医師が処方する医療用医薬品と、薬局・薬店などで市販される常備薬や救急薬、たとえば総合かぜ薬、胃薬、頭痛薬、便秘薬などがあります。その中で医療用から一般用に代替された医薬品を**スイッチOTC医薬品**と呼びます。セルフメディケーション税制は、このスイッチOTC医薬品を購入した費用について、**最大8万8000円**まで所得控除が受けられるというもの。購入した代金の一部を還付・減額してもらうには、スイッチOTC医薬品を**1年間に1万2000円を超えて購入したうえで、同一年に会社や自治体の健康診断や予防接種やがん検診を受けるなど、一定の取り組みを行う**ことが条件です。対象となる医薬品のパッケージには、その旨を示すマークが記載されています。

なお、手続きは確定申告で行いますが、**医療費控除とセルフメディケーション税制の併用はできないので、どちらか有利なほうを選択**します。

知って得する！ お金と制度

●得するお金

スイッチOTC医薬品の年間購入費用から、
1万2,000円を超えた額が減税対象に

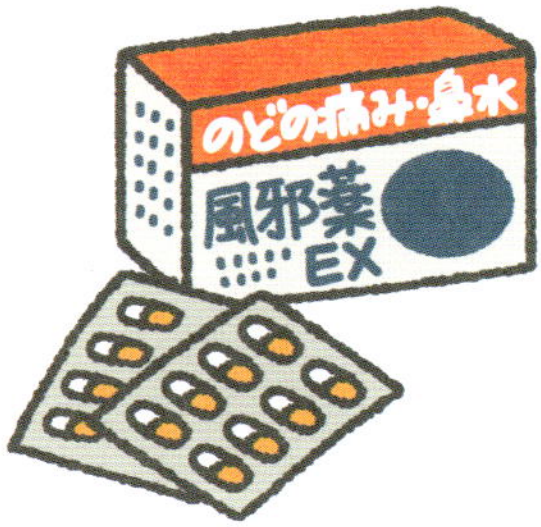

●制度のポイント

・生計を同じくする家族全員分の薬代を合算できる
・同一年に会社や自治体の健康診断等を受けることが条件

●セルフメディケーション税制の内容

スイッチOTC医薬品は、副作用など、安全性に考慮が必要で、薬剤師や登録販売者が購入者からの問い合わせや相談に答える義務がある医薬品が対象。対象商品には購入したレシートに必ず記載があるので、確認を

セルフメディケーション税制の考え方

課税所得が400万円の人が、対象医薬品を年間総額で２万円購入した場合

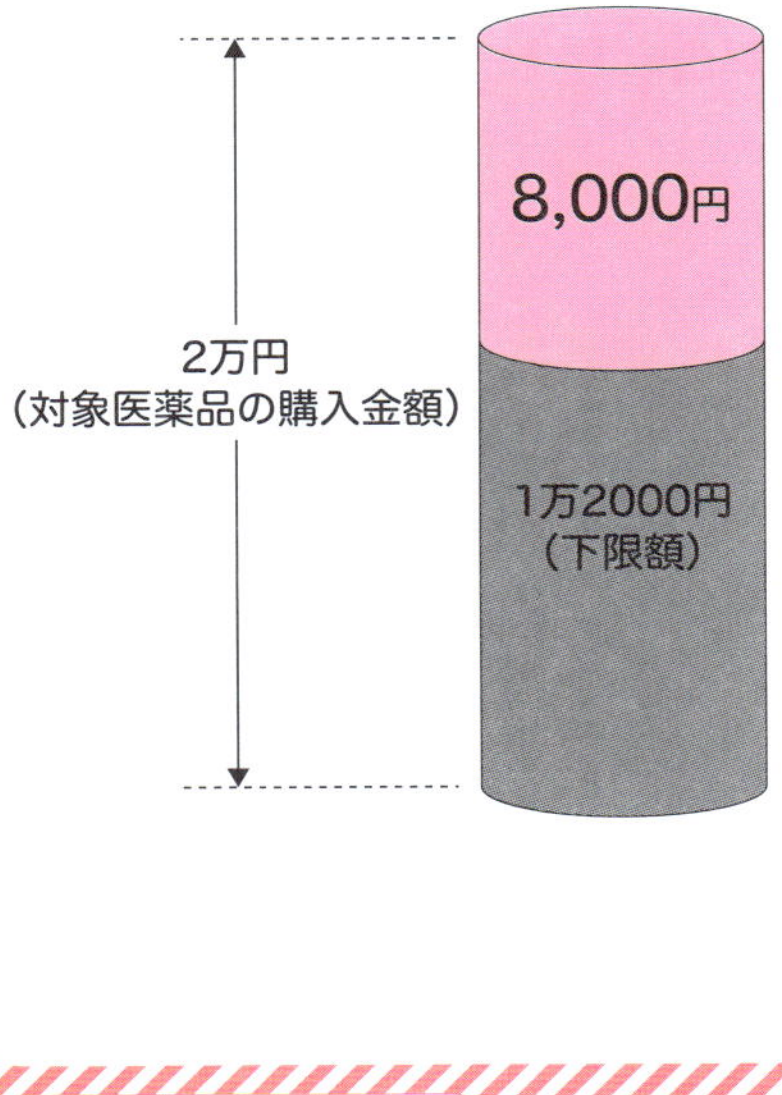

●**8,000円**が課税所得から控除される
（対象医薬品の購入金額－下限額＝8,000円）

●減税額
・所得税：**1,600円**の減税効果
（控除額8,000円×所得税率20％＝1,600円）
・個人住民税：**800円**の減税効果
（控除額8,000円×個人住民税率10％＝800円）

ひとり親家庭等医療費助成制度（マル親）

ひとり親家庭の医療費はどんな助成制度がある？

ひとり親家庭（父親または母親の片方いずれかと、その子からなる家庭。いわゆるシングルファーザーやシングルマザーの家庭）に対する医療費の助成制度として、**ひとり親家庭等医療費助成**を実施している自治体があります。助成の内容は自治体によって異なりますが、病院にかかったときの自己負担金の一部または全部を助成しているケースが一般的です。なお、自治体によっては、別の制度で付加給付がある場合、その給付額を引いた額が支給されることもあります。

助成の条件は、**ひとり親家庭の父もしくは母が、実施している自治体に住民登録をしていること、公的医療保険に加入していること、生活保護を受けていないこと**など。各自治体によって異なる場合があるので、申請の際は**居住地の自治体に確認**してみてください。

申請は、**市区町村の福祉事務所や自治体の福祉課など**で行います。健康保険証や戸籍謄本などのほか、申請者または扶養義務者の所得で制限をつけている自治体では、所得証明書が必要になる場合もあります。事前に担当窓口に相談しておくとよいでしょう。

知って得する！ お金と制度

●得するお金

対象者の負担が１割になる、一部負担金を除き自治体が助成する、などがある

●制度のポイント

自治体ごとに利用条件や申請書類が異なるので、担当窓口で事前確認が必要

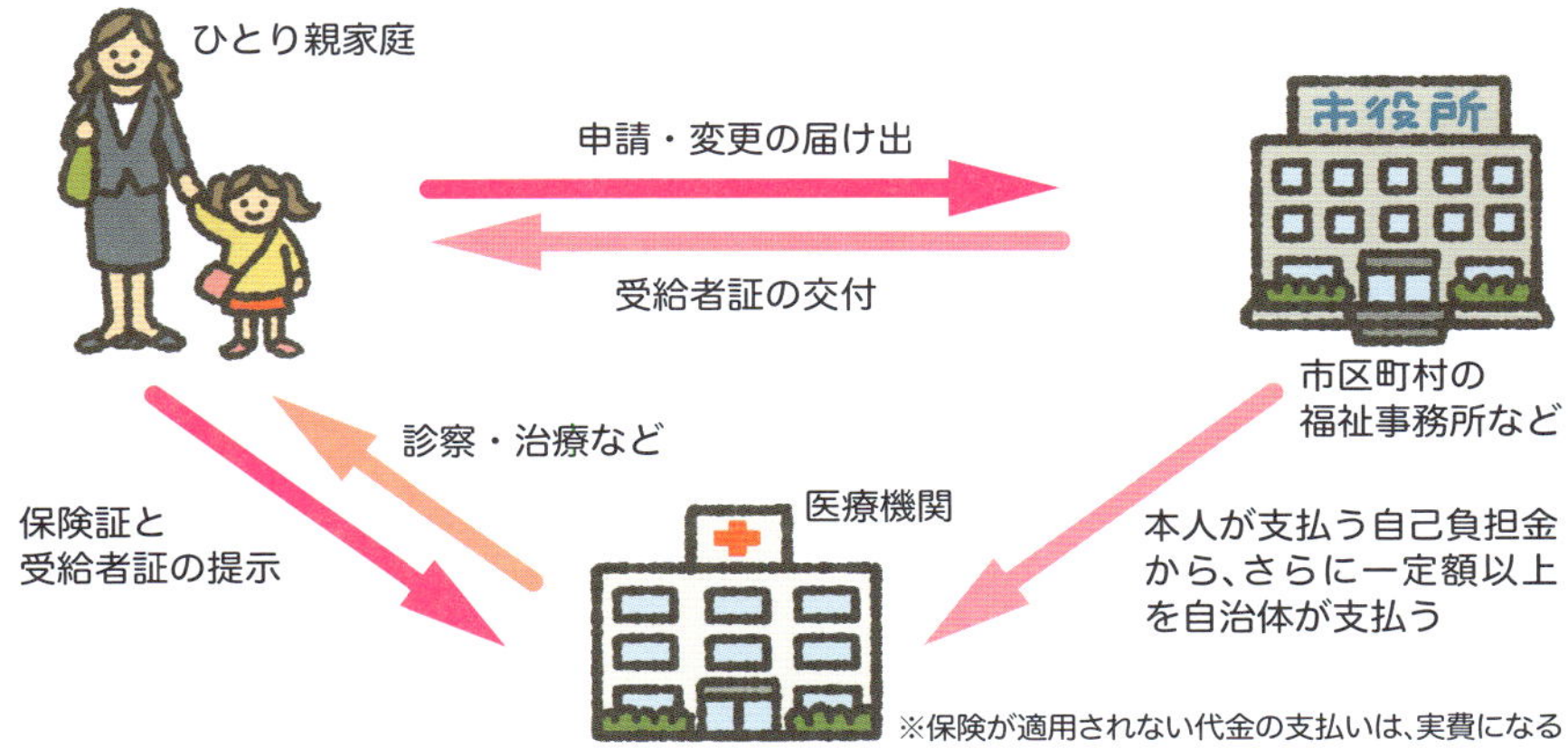
ひとり親家庭
申請・変更の届け出
受給者証の交付
市役所
市区町村の
福祉事務所など
診察・治療など
保険証と
受給者証の提示
医療機関
本人が支払う自己負担金
から、さらに一定額以上
を自治体が支払う
※保険が適用されない代金の支払いは、実費になる

届け出ガイド

●もらえる人

ひとり親家庭の父もしくは母。両親がいない児童を養育している養育者。公的医療保険に加入していて、生活保護を受けていないことなどが条件

●手続きの場所

住民登録をしている市区町村の福祉事務所、自治体の福祉課

●必要な書類

健康保険証、戸籍謄本、所得証明書など

●手続きのポイント

・助成制度による診療を扱わない医療機関で診療を受けた場合、いったん窓口では自己負担分を支払い、後日申請をして差額を払い戻してもらうため、忘れずに申請をすること

・1年ごとに更新となる

心身障害者医療費助成制度（マル障）

障害者にはどのような医療支援制度がある？

身体的・精神的な障害がある人に向けた**心身障害者医療費助成制度（マル障）**もあります。この制度は各自治体が独自に行うため、自治体によって助成内容が異なります。一般的には**障害者手帳1級、2級**の人を対象にしていますが、障害者手帳3級、4級であってもＩＱ（知能指数）が一定基準以下であれば対象になるケースもあります。

ただし、**扶養親族の所得に制限**を設けているほか、生活保護あるいは中国残留邦人等の支援給付を受けている人、65歳以上になって初めて対象者に該当することになった人は、助成の対象にならないケースがあります。

自治体が医療費の一部、または全額を負担しますが、入院時の食事代や差額ベッド代、往診の車代、予防接種の費用など、**医療保険の対象外の費用については助成されない**ことに注意が必要です。また、自治体管轄内の医療機関に限って助成を適用しているところもあるので、詳しくは医療を受ける前に確認しましょう。

申請は、**健康保険証や障害者手帳、ＩＱテストの判定書**などの必要書類をそろえて、各市区町村の窓口に提出します。

知って得する！ お金と制度

●得するお金

健康保険など各種医療保険の自己負担分から、一部負担金を引いた金額が助成される

●制度のポイント

・障害の程度や扶養家族の所得によって、助成の可否や内容は異なる

・各自治体によって助成内容が異なる

●助成範囲（例：東京都の場合、2019年8月～）

マル障一部負担金			一月あたりの自己負担上限額
住民税課税者	通院（外来）	1割	18,000円／月
			年間上限：14万4,000円／年 ※1
	入院	1割	57,600円／月
			多数回：44,400円／月 ※2
住民税非課税者	通院（外来）	負担なし	
	入院	負担なし	

※1　計算期間（毎年8月1日から翌年7月31日まで）において、月の外来療養に係るマル障自己負担額の合計が14万4,000円を超えた場合、超えた部分を高額医療費として助成。ただし、加入している健康保険組合等から高額療養費として支給される額については除く。

※2　過去12カ月以内に3回以上、上限額（57,600円）に達した場合は、4回目から上限額が軽減され、44,400円を超える金額を高額医療費として助成。

介護保険の仕組み

家族が「寝たきり」に。介護保険は活用できる？

介護保険は、**40歳以上の国民が必ず加入**する保険制度です。**第1号被保険者（65歳以上）**と**第2号被保険者（40～64歳）**に分けられており、第1号被保険者の保険料は原則として年金から天引きされ、第2号被保険者の保険料は、加入している健康保険料とともに徴収されます。39歳以下の人は、介護保険の対象外です。

要介護と認められた加入者は、**デイサービスの利用や訪問介護などの介護サービス**を、前年度の所得に応じて1～3割の自己負担で受けられます。自己負担が3割になるのは、現役並みの所得がある人です（年金を含む所得合計が、単身世帯で340万円以上、二人以上世帯で463万円以上）。また、第2号被保険者は、指定された疾病により介護認定を受けた場合に限り、介護サービスを利用できます。

介護サービスを受けるには、**ケアプランあるいは介護予防ケアプランの作成が必要**ですが、プラン作成費については保険が全額適用されるため、利用者の自己負担はありません。介護支援専門員（ケアマネージャー）の資格を持った専門家に相談をしたうえで作成するのが一般的です。

知って得する！ お金と制度

●得するお金

各種介護サービスを**1〜3割の自己負担**で利用

●制度のポイント

・40歳以上の国民は加入が義務づけられている
・保険料は市区町村により、また年金額や所得によっても異なる
・利用には申請手続きが必要

届け出ガイド

●得する人

自己申告をして要介護認定を受けた人

●要介護認定取得の流れ

①加入者本人か親族が各市区町村の窓口で申請

申請書、介護保険の被保険者証、マイナンバーカード（通知書）
健康保険の保険証（第2号被保険者〔65歳以下〕の場合）を用意

▼

②認定調査

1次判定：市区町村担当者による聞き取り調査＋主治医による意見書をもとに、コンピューターが介護の想定時間を推計
2次判定：1次判定の結果をもとに、介護認定審査会が審査を行う

▼

③要介護度（次ページ参照）を決定（申請から1カ月程度）

認定結果に不服がある場合、通知があった日の翌日から60日以内に都道府県の介護保険審査会に申し立てが可能

要介護度とは何ですか？

要介護度とは、介護あるいは支援がどれくらい必要なのかを表す指標です。**要支援の1～2、要介護の1～5の7段階**に分かれ、その認定ランクによって介護保険の適用範囲が異なります。

要支援とは、**「日常生活における基本的な動作の全部もしくは一部について、常時介護を要する状態の軽減、もしくは悪化の防止に、特に支援を要すると見込まれる」**状態をいい、要支援認定を受けた人は、介護予防サービスを受けられます。一方、要介護は**「基本的な動作の全部または一部について、常時介護を要すると見込まれる」**という状態です。

認定を受けることで、要支援の人が対象の**予防給付**と要介護の人が対象の**介護給付**があり、それぞれ居宅サービスや地域密着型サービスが受けられます。

具体的な居宅サービスには、**訪問介護や訪問看護、訪問または通所リハビリテーション、医療型ショートステイ**などが挙げられます。要介護者の場合は、これらに加えて、**特別養護老人ホームなどでの施設介護サービスや定期巡回・随時対応型訪問介護看護**も利用できます。

知って得する！ お金と制度

●得するお金

要介護度に応じた支給限度額までの介護サービス

日常生活は自分で行えるが、何らかの支援が必要

要支援１の限度額
→ **約5万320円**まで

寝たきりや意思の伝達がほとんどできない状態で、全面的な介助が必要

要介護５の限度額
→ **約36万2,170円**まで

●制度のポイント

・要支援と要介護で受けられる介護サービスが異なり、限度額を超えた分の介護サービスは全額自己負担となる
・それぞれの認定区分によって、さらに細かく給付額や利用サービスが分かれる

●要介護度とは

7段階の認定は、下記の状態区分によって判定される

要介護度	状　態	区分支給限度額
要支援1	基本的な日常生活は自分で行えるが、要介護状態にならないように何らかの支援が必要	5万320円
要支援2	要支援1の状態より基本的な日常生活を行う能力がわずかに低下し、何らかの支援が必要	10万5,310円
要介護1	立ち上がりや歩行が不安定。排泄や入浴などに、一部または全介助が必要	16万7,650円
要介護2	一人で立ち上がれない、歩けないことが多い。排泄や入浴などに一部または全介助が必要	19万7,050円
要介護3	一人で立ち上がったり歩いたりできない。排泄や入浴、着替えなどに全介助が必要	27万480円
要介護4	日常生活を送る能力がかなり低下。入浴や着替えの全介助、食事のときの一部介助が必要	30万9,380円
要介護5	意思の伝達がほとんどできない場合が多い。生活全般にわたって全面的な介助が必要	36万2,170円

在宅ケア（全国の市区町村の総合事業）

施設に入居せずに、在宅サービスを使いたい

要介護あるいは要支援認定を受けた人が、施設へ入居せず、自宅で過ごすことを望む場合も少なくありません。

そうした場合は、訪問介護や介護予防訪問介護といった**在宅ケアサービス（居宅サービス）**を利用することができます。このサービスを利用すると、食事や入浴、排泄のサポートを行う**「身体介護」**と、洗濯や調理、部屋の掃除を行うなどの**「生活援助」**といった2種類の介護サービスが受けられます。

要支援者向けの訪問介護と通所介護については、全国の市区町村が2017年度から開始している**総合事業**を利用することになります。

総合事業とは、要支援と認定された人と基本チェックリストに該当する65歳以上の人を対象とした**「介護予防・生活支援サービス事業」**と、65歳以上のすべての人が利用できる**「一般介護予防事業」**のことです。

要支援者が受けられる具体的なサービスは、身体介護と生活援助の**訪問型サービス**、デイサービスなどの**通所型サービス**、市区町村が独自に提供する見守りなど、**その他の生活支援サービス**、**介護予防ケアマネジメント**があります。

知って得する！　お金と制度

●制度のポイント

・要支援１・２の訪問介護と通所介護は、介護保険の予防給付から地域の実情に応じた市区町村の総合事業に移行した
・施設に入居せず、在宅のままでも、調理・洗濯・掃除・ゴミ出しなど、さまざまなサポートが受けられる
・通所型では、デイサービスのほか運動やレクリエーションのプログラムもある

●総合事業の介護予防・生活支援サービス事業

（市区町村が中心となって推進。高齢者の在宅生活を支えるために、地域住民のボランティアやNPO、民間の企業がサービスを提供する）

訪問型サービス

介護予防　訪問介護のほかに…

A：職員による調理・洗濯・掃除などの生活援助
B：住民ボランティアによる生活援助
C：保健師や理学療法士による短期集中予防サービス
D：移動支援

通所型サービス

介護予防通所介護（デイサービス）のほかに…

A：運動やレクリエーション
B：住民ボランティアによる通いの場の提供
C：運動機能や栄養改善のための短期集中予防

その他の生活支援サービス

配食や見守りなど自立支援になるもの

介護予防ケアマネジメント

地域包括支援センターや居宅介護支援事業所によりケアプランが作成される

訪問看護療養費

訪問看護の費用が心配です

できる限り在宅ケアをしたくても、医療上の問題を抱えるケースでは、心配な面もあります。そこで利用を検討したいのが、**訪問看護**です。基本的に**3割の自己負担額**で利用でき、所得に応じて、1〜2割負担への軽減措置もあります。

医療機関や訪問看護ステーションに所属する看護師が訪問するため、健康状態の観察やリハビリテーションの指示など、質の高いケアが期待できます。また、家族が介護をするときの改善策の提案をはじめ、療養環境に関するアドバイスなどももらえる、非常に心強いサービスです。

ただし、訪問回数の増加など**支給限度額を超えるサービスは保険給付の対象外**となり、全額自己負担となりますので、各市区町村窓口や介護福祉士に相談して計画的に利用しましょう。

そのほか、自治体や健康保険組合によっては、独自の支援制度を設けている場合もあります。原則として、**70歳未満の人**を対象に、**訪問看護を含む医療費の助成**を行うことが多いようです。介護保険の支給限度額を超えても、ほかの支援制度が利用できる場合もあるので、窓口で相談してみてください。

知って得する！ お金と制度

●負担するお金

800 〜 1,000円程度（30分〜１時間未満）

※要介護１〜５の人が訪問看護ステーションから看護師による訪問を受ける場合の本人負担額（1割負担の場合）

※各自治体により異なる

●制度のポイント

訪問看護は、年齢・疾患により、介護保険と医療保険のどちらを利用できるかが異なる。65歳以上で要支援・要介護認定を受けている人は、介護保険を利用するのが原則

■介護保険を利用した訪問看護の流れ

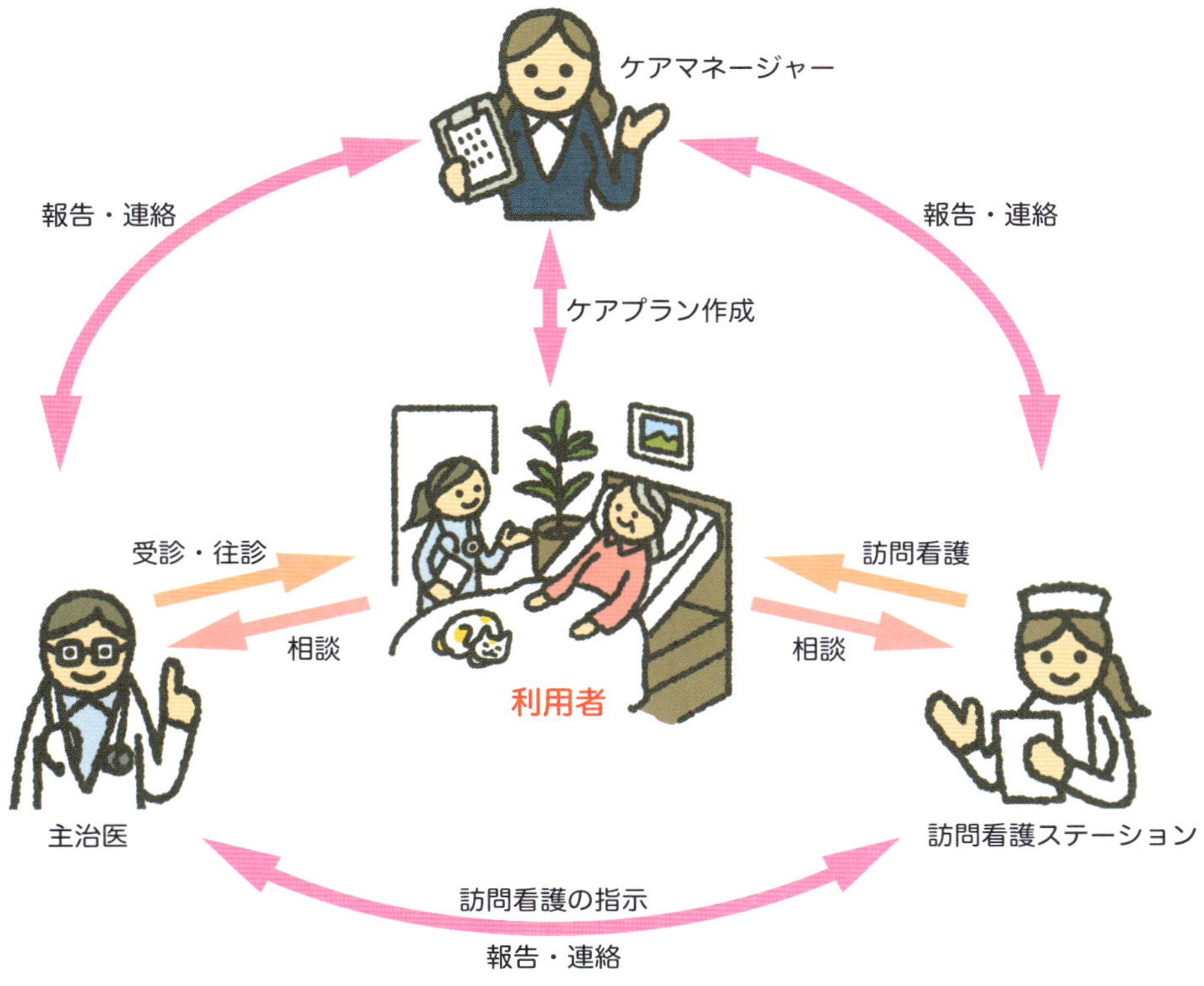

施設介護サービス

介護保険施設にはどんな種類がある？

介護する側、される側双方の負担軽減を考えると、**施設介護サービス**を利用することも選択肢の一つといえます。プライバシーを尊重した生活環境や24時間体制でのケアシステムなど、自宅よりも満足度の高い介護が受けられる公的な施設も増えています。ただし、施設介護サービスは、要支援1・2の人は利用できず、入所できるのは**要介護認定を受けた人**に限られます。

介護老人福祉施設（特別養護老人ホーム）は、食事や入浴など日常生活に常に介護が必要な人が対象で、**特養**とも呼ばれます。入所できるのは原則、**要介護3以上**の人に限られます。

介護老人保健施設（老健）は、老人ホームの生活介護機能と病院の医療機能を備え、リハビリテーション用のスタッフが待機します。在宅復帰を目的とする施設なので、特養のように長期間生活することはできません。**介護療養型医療施設**は、医療の必要な要介護高齢者の長期療養施設です。これは2018年3月末に廃止予定でしたが、2024年3月末まで延長されました。また、長期療養のための医療と日常生活の介護とともに提供する**介護医療院**もあります。

知って得する！　お金と制度

●得するお金

施設介護サービス利用料
→**１割または２割**の自己負担
（居住費・食費・日常生活費等は全額自己負担）

●制度のポイント

介護保険の施設介護サービスには4種類あり、要介護認定された人が利用できる。ただし、介護老人福祉施設（特養）の新規入居は原則、要介護３以上の人に限定（既に入所している人は例外）

●施設介護サービスの自己負担

居住費と食費は施設により異なるが、平均的な費用をもとに水準額が設定されている

■住居費、食費の水準額（1日あたり）

<table>
<tr><th rowspan="2">施設の種類</th><th colspan="4">居住費</th><th rowspan="2">食費</th></tr>
<tr><th>従来型個室</th><th>多床室</th><th>ユニット型個室</th><th>ユニット型個室的多床室</th></tr>
<tr><td>介護老人福祉施設</td><td>1,171円</td><td>855円</td><td rowspan="4">2,006円</td><td rowspan="4">1,668円</td><td rowspan="4">1,392円</td></tr>
<tr><td>介護老人保健施設</td><td rowspan="3">1,668円</td><td rowspan="3">377円</td></tr>
<tr><td>介護療養型医療施設</td></tr>
<tr><td>介護医療院</td></tr>
</table>

※地域により費用は変動

地域密着型サービス

離れて暮らす親のために使える介護サービスは？

両親の介護をしたくても遠距離に住んでいるため、同居どころか、様子を見に行くのも大変というケースは少なくありません。

そのような場合には、各市区町村によって事業者が選定される、**地域密着型サービス**を検討してみてはいかがでしょう。

要介護者の自宅にホームヘルパーや介護福祉士が定期的に巡回し、緊急時などの随時対応を行う**定期巡回・随時対応型訪問介護看護**や**夜間対応型訪問介護**、通所とショートステイを組み合わせた**小規模多機能型居宅介護**といったサービスを行い、小回りの利いたケアを実施しています。

ほかにも、年々増加する認知症に対応したサービスもあります。**認知症対応型通所介護**は、食事や入浴などについて、12人以下の少人数で、きめ細かいサポートを受けられるデイサービスセンターを利用できる制度。また、**認知症対応型共同生活介護（グループホーム）**は、5～9人で共同生活を送り、介護職員のサポートのもと、それぞれのできる家事を分担して生活するというサービスです。いずれも、要介護者が環境の変化に戸惑うことが少ないと好評です。

知って得する！ お金と制度

●受けられるサービス

夜間の訪問介護や少人数のデイサービス、グループホームの利用

●制度のポイント

要介護者が居住する市区町村によって、独自のサービスもある

●上乗せサービス、横出しサービスとは

各市区町村が行う独自のサービスに、「上乗せサービス」と「横出しサービス」がある。上乗せサービスとは、支給限度額を超えた額やサービスを各市区町村が支給するもの。一方、横出しサービスとは、介護保険に含まれない独自のサービスを各市区町村が提供するものをいう

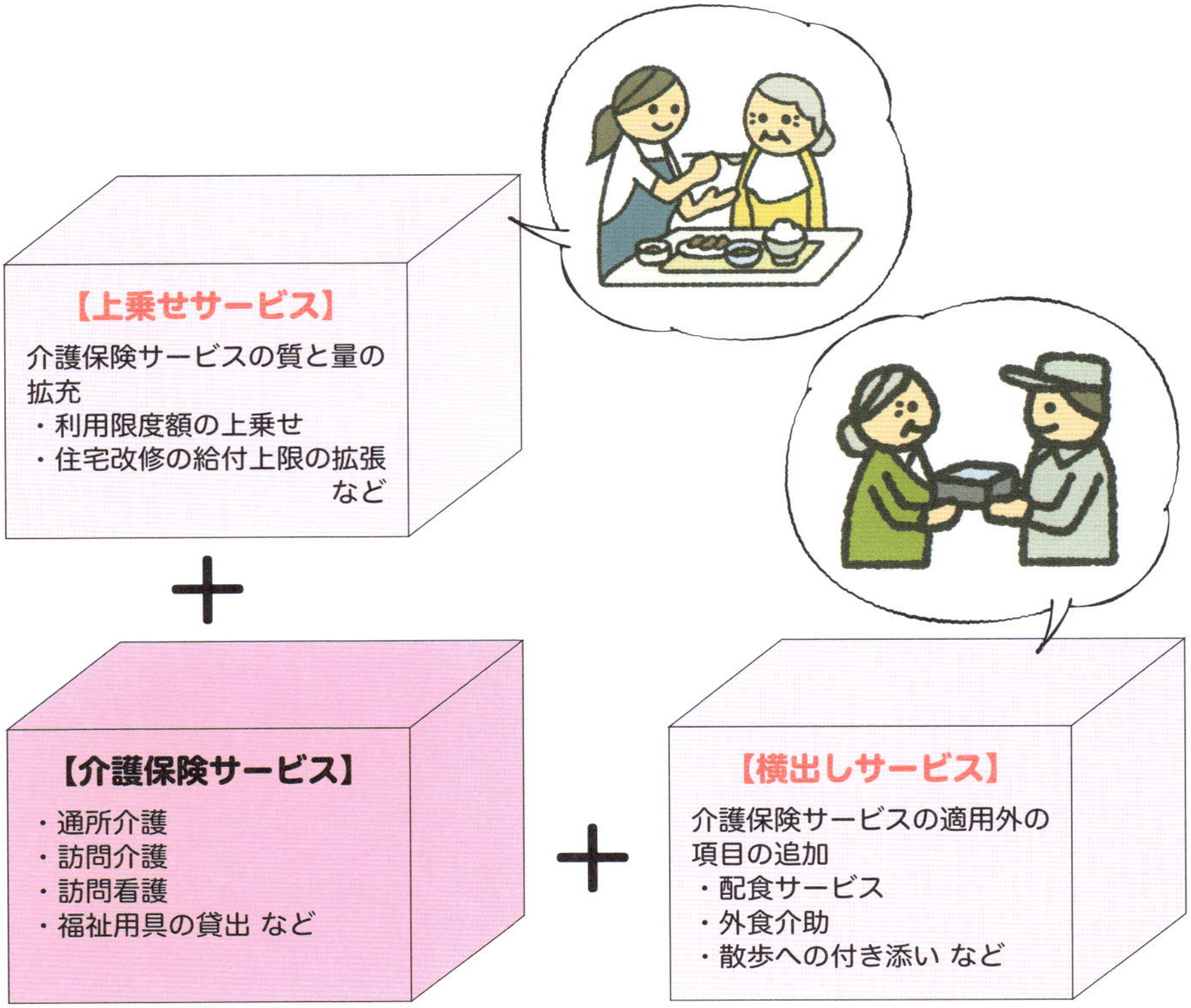

【上乗せサービス】
介護保険サービスの質と量の拡充
・利用限度額の上乗せ
・住宅改修の給付上限の拡張 など
＋
【介護保険サービス】
・通所介護
・訪問介護
・訪問看護
・福祉用具の貸出 など
＋
【横出しサービス】
介護保険サービスの適用外の項目の追加
・配食サービス
・外食介助
・散歩への付き添い など

※各市区町村によって、サービス内容は異なる

福祉用具の貸出・購入補助

車椅子のレンタルにも保険が適用されますか？

介護には、車椅子や歩行器、介護用ベッドなど、さまざまな**福祉用具**が必要になります。これらの貸出も居宅サービスの一つとして介護保険が適用され、**1〜3割の自己負担で割安にレンタル利用**ができます。

原則として貸出ですが、使用により形状・品質が変化する移動用リフトのつり具部分や、他人が使用したものを再利用することに心理的抵抗感がともなう**腰掛便座・入浴補助用具などは、特定福祉用具として販売対象**になります。

これにも介護保険から補助があり、利用者はいったん、全額を支払いますが、後に**7〜9割が給付**されます（購入できるのは年間10万円まで。超えた分は全額自己負担となる）。

要介護度によって、介護保険を利用して借りられる器具は異なりますので、何が利用できるのか、ホームヘルパーや介護福祉士と相談するといいでしょう。必要な器具をそろえられれば、要介護者のみならず、介護する側の負担も軽くなります。

申請に必要な書類、支給される金額は地域によって異なります。詳しくは、各市区町村の窓口に問い合わせてください。

知って得する！ お金と制度

●得するお金

福祉用具のレンタルや購入が、**１～３割**の自己負担

●制度のポイント

要介護度によって借りられる器具は異なる

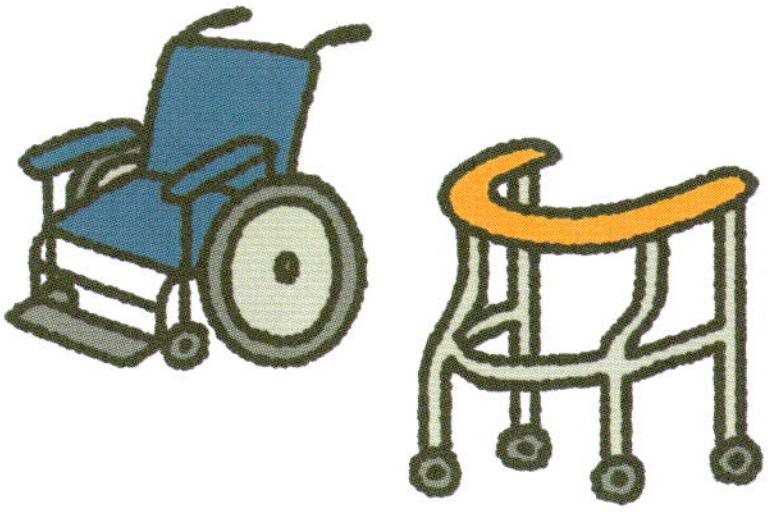

■【要介護度別】借りられる福祉用具

福祉用具		要支援1・2	要介護1	要介護2	要介護3	要介護4	要介護5
車椅子				○	○	○	○
車椅子付属品				○	○	○	○
介護ベッド				○	○	○	○
介護ベッド付属品				○	○	○	○
床ずれ防止用具				○	○	○	○
体位変換器				○	○	○	○
認知症老人徘徊感知機器				○	○	○	○
移動用リフト（つり具の部分を除く）				○	○	○	○
手すり		○	○	○	○	○	○
スロープ		○	○	○	○	○	○
歩行器		○	○	○	○	○	○
歩行器補助杖		○	○	○	○	○	○
自動排泄処理装置	排便機能を有するもの					○	○
	それ以外のもの	○	○	○	○	○	○

老人福祉手当・老人介護手当

介護費用で家計が苦しい。利用できる手当は？

介護にかかわる支援制度は、介護保険だけにとどまりません。生活費補助として、**老人福祉手当や老人介護手当**といったものがあります。

老人福祉手当は自治体によって正式名称や支給額、適用条件は異なりますが、基本的には、**寝たきりあるいは認知症で日常生活を送ることが困難な65歳以上の本人が対象**です。

その状態が6カ月以上継続していることや、年間の所得が一定額以下であることなどの条件がある自治体もあります。支給額は**月額5000～1万円程度**です。

また、老人介護手当も、要介護老人介護手当や在宅高齢者介護手当など、自治体によって名称や支給額、適用条件は異なります。こちらは、**在宅で要介護者の世話をしている家族を対象にした支援**です。要介護度の段階や住民税の課税の有無、介護保険サービスの利用状況などに条件があり、**支給額は月額3000～1万5000円程度**です（各自治体によって異なる）。ただし、要介護者が介護保険サービスを利用しているときや、施設に入所したとき、要介護の程度が変わったときなどは対象外となることもあります。

知って得する！ お金と制度

●もらえるお金

老人福祉手当　**月額5,000 ～ 1万円**程度
老人介護手当　**月額3,000 ～ 1万5,000円**程度

●制度のポイント

・各自治体によって、正式名称や適用条件、支給額は異なる
・寝たきりや重度の認知症の本人を対象とした手当と、在宅で介護をしている家族を対象とした手当がある
・介護保険サービスを利用している場合には、対象外となることもある

届け出ガイド

●もらえる人

・65歳以上の寝たきりや要介護4、または5などの本人
・その高齢者を在宅で常時介護している家族

●手続きの場所

各市区町村の担当窓口

●必要書類

申請書類、要介護度や介護保険被保険者番号などを証明する書類

介護保険タクシー

通院や外出のサポートはありますか？

公共施設などのバリアフリー化が進んできているとはいえ、高齢者にとって、電車やバスでの移動は一苦労です。各自治体では、収入額や自動車所持の有無などの条件を設け、**高齢者の外出を手助けする助成**を行っています。

たとえば、自治体が契約しているタクシーを利用したとき、上限額を設けて運賃が半額になる福祉タクシー乗車券の交付、自家用車のガソリン給油券、鉄道運賃の割引、あるいはバスの回数券での補助という自治体もありますので、各市区町村窓口に確認してみてください。

介護保険適用サービスである**「介護保険タクシー」**もあります。これは、介護保険事業者として認定された事業所による**要介護者の輸送**です。介護保険タクシーによる病院送迎を利用できるのは、要介護1以上（要支援では利用できない）の人、公共交通機関に一人で乗車できない人、ケアマネージャーが作成するケアプランに盛り込まれている人です。ただし、**介護保険の「施設サービス」の入所者は利用できません**。

名称が似ていますが、介護保険適用外の**「介護タクシー」**を利用することもできます。

知って得する！ お金と制度

●もらえるお金

運賃の助成や、タクシー券、ガソリン給油券などの交付

●制度のポイント

・介護保険適用の「介護保険タクシー」や適用外の「介護タクシー」もある
・医師の指示で緊急性のある移送については、健康保険から移送費が給付される場合もある

介護保険タクシー、介護タクシー、福祉車両の違いは？

介護保険タクシー

介護保険事業者として認定された事業所による要介護者の輸送。介護保険が適用できる。利用できるのは要介護認定1以上

介護タクシー

介護保険の適用外。ヘルパー資格を持つ運転手が外出の支度、移送、乗降時の介助や、病院の付き添いまで行う

福祉タクシー

車椅子に乗ったまま利用できるタクシーだが、ドライバーによる乗降時の介助サポートはない。そのため、家族やヘルパーの同乗が必要

居宅介護住宅改修費助成

親の介護のために家を改修したい

65歳以上で要介護・要支援認定を受けた人が自宅で生活するために、バリアフリーなどの住宅改修をする場合、介護保険の**居宅介護住宅改修費**が助成されます。ただし、食事や着替え、入浴や排泄などをすべて困難なく行える場合は対象外です。また、利用者が入院（所）中の場合も、住宅改修が必要と認められないため助成されません。

助成対象の工事は、床段差の解消、滑り防止・移動の円滑化などのための床材変更、手すりの取り付け、扉の取り替え、便器の洋式化など、**20万円を上限に、その90%（20万円の場合は18万円）**が介護保険から助成されます（一定以上の所得者は、自己負担2割または3割）。

原則として、介護保険の認定を受けるとともに、改修の必要性のチェックや工事のアドバイスを受ける必要があります。工事費用の見積書のほか、ケアマネージャーなど専門家が作成した**住宅改修理由書**を添えて申請し、審査を通過した後に工事を行います。

申請にあたっては、改修箇所の写真や図面なども必要になりますので、事前に**各市区町村の介護福祉課などの窓口に相談**するとよいでしょう。

知って得する！ お金と制度

●もらえるお金

利用者負担は**1 ～ 3割**（支給限度額は20万円）

●制度のポイント

資金が足りない場合は貸付制度もある。また、自治体独自の給付がある場合も

助成制度を使ったバリアフリー工事の流れ

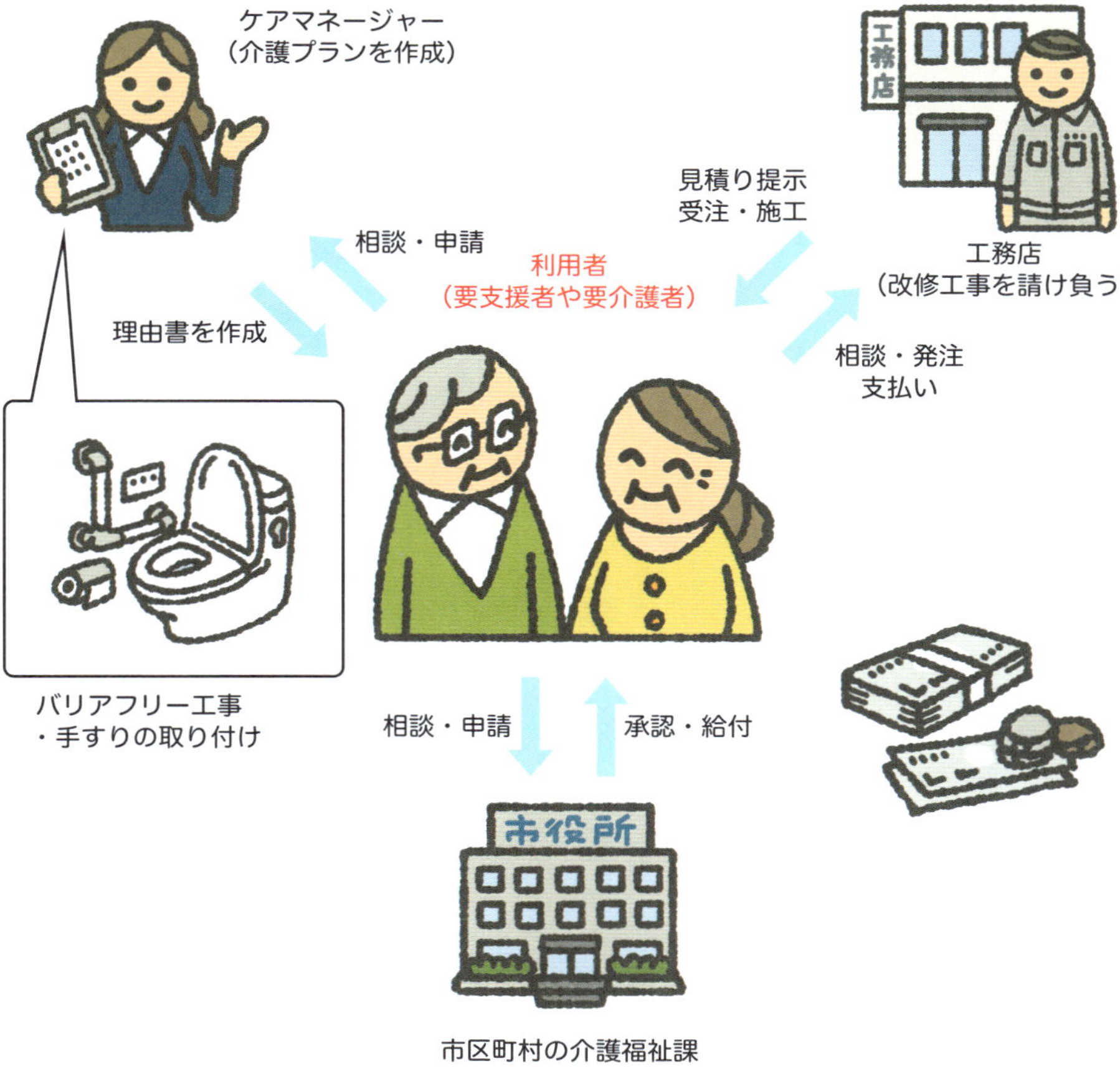

ケアマネージャー
（介護プランを作成）
相談・申請
理由書を作成
利用者
（要支援者や要介護者）
見積り提示
受注・施工
工務店
（改修工事を請け負う）
相談・発注
支払い
バリアフリー工事
・手すりの取り付け
相談・申請
承認・給付
市役所
市区町村の介護福祉課

介護休暇制度

家族の入院の付き添いで会社を休みたい…

会社で働いている人は、長期休暇を取ったり離職しなくても、介護の時間をつくる方法があります。その一つが、**介護休暇制度**の活用です。

これは、従業員が、**要介護状態にある家族の介護や、通院の付き添い、介護サービスを受けるための事務手続きなどを行う際、事業主に申し出ることで得られる休暇**です。対象となる家族が1人なら年に5日、2人以上なら年に10日まで、1日または半日単位で取得できます。２０２1年1月からは、始業時間・終業時間に連結して、時間単位で取得できるようになります。

介護休暇は、労働基準法で定める**年次有給休暇とは扱いが別**です。ただし、勤続年数が6カ月未満の従業員と週の所定労働日数が2日以下の従業員については、除外とする労使協定がある場合には対象となりません。また、有給休暇ではないため、**無給での休暇となる場合**もあります。

介護休暇を申し出る際は、休暇を取得する日や理由を明らかにしなければなりませんが、入院の付き添いなど、緊急を要することが多い点を考慮して、**当日の電話など口頭の申し出でも取得は認められる**とされています。

知って得する！ お金と制度

●制度のポイント

・**１日**または**半日単位**で休暇を取得できる（2021年から時間単位）
対象家族が１人→年に**５日**まで
対象家族が２人以上→年に**10日**まで
・年次有給休暇とは扱いが別（無給になる場合がある）

届け出ガイド

●制度を使える人

・日々雇い入れられる者を除く、入社後6カ月以上の労働者
・正社員のほか、パートやアルバイト、派遣社員、契約社員も対象
（ただし、労使協定により対象外にできる労働者・入社6カ月未満の労働者・1週間の所定労働日数が2日以下の労働者・介護休暇申請後3カ月以内に雇用が終了する労働者は除外されることもある）

●対象家族

要介護状態にある配偶者（事実婚を含む）や父母・子供・配偶者の父母、扶養している祖父母・兄弟姉妹および孫

●要介護状態とは

負傷・疾病または身体上もしくは精神上の障害により、2週間以上にわたり常時介護を必要とする状態

●手続きのポイント

事業主が指定した申請書の提出、または口頭により取得できる。当日の申し出も可能。ただし、医師の診断書の提出を求められることもある

介護休業給付

介護のために休業。何か給付はありますか？

高齢化社会にともない、働き盛りの現役世代が介護のために離職をしたり、転職を余儀なくされたりしています。そこで、こうした状況に対応するための一つの方法として、**介護休業給付**という制度があります。

介護休業給付のいちばんの目的は、**労働者が介護により休業をしている間の収入保障をすることで介護休業を取得しやすくし**、その後の職場復帰も円滑に行えるようにすることです。

介護休業給付の受給資格は、要介護状態である対象家族を介護するための休業を取得した、雇用保険の被保険者で、介護休業を開始した前日までの2年間に、賃金支払い基礎日数が11日以上ある月が12カ月以上あること。また、同一事業主のもとで1年以上雇用が継続していることなどです。

支給対象期間は、**3回を上限に分割取得**ができ、**通算93日まで。原則として休業開始前に受けていた平均賃金の67％の給付**です（上限有り）。

受給に際しては「雇用保険被保険者休業開始時賃金月額証明書」「介護休業給付金支給申請書」等の書類を、事業所の所在地を管轄するハローワークに、**原則として事業主が提出**します。

第4章

出産・子育て

妊婦健診費用の助成

妊婦は無料で健診を受けられる？

妊娠すると、胎児の発育状況はもちろん、母体の健康状態にも気をつけなければなりません。厚生労働省では、妊娠23週までは4週間に1回、24週から35週までは2週間に1回、36週から出産までは週に1回の**妊婦健診**を推奨しています。

基本的な健診は、**問診・尿検査・体重測定・血圧測定**などで、他に必要に応じて**血液検査・超音波検査・子宮頸がん検診**などがあります。医療機関や検査の内容により、健診1回の費用は5000〜1万5000円ほど。約14回に及ぶ健診総額では10万円以上になりますが、**妊娠は病気ではないので、保険の適用外**です。健診をすべて自己負担で行うと大きな出費になってしまうため、少子化対策を進める国と地方自治体は、**健診費用の助成**を実施しています。

住民票のある自治体に妊娠届を提出すると、**母子健康手帳**などと一緒に**妊婦健康診査受診票**を受け取ります。この受診票を健診時に病院へ提出することで無料、あるいは一部負担で妊婦健診を受けられます。妊婦健診の助成金額は自治体によって異なります。助成対象となる検査や受診票の枚数など、詳しくは健診前に確認しておきましょう。

知って得する！ お金と制度

●得するお金

約14回の妊婦健診が、**無料**または**一部負担**で受けられる

●制度のポイント

・受診票の枚数や補助金は、各自治体によって異なる
・受診票は住民票のある自治体でのみ利用可能のため、里帰り出産などで他の自治体の病院を受診する場合、受診票は使えない。ただし、住民票のある自治体に申請することで健診料を助成してくれる自治体もあるので確認すること

届け出ガイド

●もらえる人

住民票のある市区町村に妊娠を届け出た人

●受けられる場所

受診票を発行された自治体の病院・診療所・助産院など
（里帰り出産の場合、住民票のない地元での妊婦健診は受診票が使えず自己負担となるが、自治体によっては使用できなかった受診票に対し助成されることもあるので確認する）

●手続きのポイント

・受診票は１回健診を受けるごとに１枚提出（受診票の枚数は各自治体によって異なるが、すべての自治体で14枚以上）
・各受診票の助成金額内であれば、無料で健診を受けられる。ただし、各自治体により決められた助成金額の上限を超える分や助成対象外の検査費用は、自己負担となる

妊娠向け医療費助成制度

妊娠特有の病気に、助成はありませんか？

高血圧や尿蛋白《にょうたんぱく》などの症状が見られる**妊娠高血圧症候群**。かつては「妊娠中毒症」と呼ばれていた疾患で、重症の場合は、子宮や胎盤の血液の流れが悪くなり、胎児の栄養不足や酸素不足を引き起こすこともあります。軽症であれば、外来通院でカロリー制限や塩分制限による治療で済みますが、重症の場合、入院治療が必要になるケースもあります。

妊娠にともない出費のかさむ時期のことですから、入院費用に経済的圧迫を感じる人は少なくありません。そのため、各自治体ではその費用負担を軽減しようと**妊婦向けの医療費助成制度**を実施しています。対象は、**妊娠高血圧症候群およびその関連疾患や糖尿病、貧血、産科出血、心疾患**で、入院治療が必要なケースです。

各自治体によって内容は異なりますが、生活保護受給世帯は対象外にしている自治体もあるので、利用前には確認が必要です。助成条件に当てはまれば、**入院治療をした場合の自己負担額**が自治体から助成されます（入院時の食費は対象外）。申請は、住んでいる市区町村の役所、保健所などで受け付けています。

知って得する！ お金と制度

●もらえるお金

妊娠に関わる症状で入院治療をした場合の自己負担額の助成

●制度のポイント

入院見込み日数が少ないと対象外になる場合もある

届け出ガイド

●もらえる人

・妊娠によって入院医療を必要とする次の疾患の人
　▶妊娠高血圧症候群およびその関連疾患
　▶糖尿病、貧血、産科出血、心疾患
・前年度の所得税額が3万円以下の世帯の人、または入院見込み日数が26日以上の人

●手続きのポイント

・原則として、入院前、または入院中に、住民票のある自治体の窓口（保健所）に申請する
・申請後に送られてくる医療券に記載された有効期間・病名の治療にのみ助成される
・手続きが遅れた場合は、医療費の助成が受けられないことがあるので注意

特定不妊治療費助成制度

不妊治療を受けたいけど治療費が高額で…

不妊治療を受ける夫婦を悩ませているのが、高額な治療費です。健康保険が適用される診療もありますが、**一般不妊治療の人工授精や体外受精や顕微授精の高度不妊治療は保険適用外**です。自由診療のため、医療機関によって費用にバラつきがありますが、高度不妊治療であれば1回につき数十万円の治療費がかかってしまうこともあります。

そこで、負担軽減のために各都道府県で実施しているのが**特定不妊治療費助成制度**です。これは前年の夫婦の合算所得額が730万円未満の夫婦が対象です。特定不妊治療（体外受精と顕微授精）の費用を治療1回につき**上限額15万円**（凍結胚移植等については7・5万円）、また男性の不妊治療についても1回につき上限額15万円まで助成され、それぞれ**初回の治療に限り30万円**まで助成されます。各自治体によって対象条件や金額が変わるので、事前に確認するとよいでしょう。

上限を15万円にしている都道府県がほとんどですが、東京都は治療ステージによって助成上限額を6段階（最高で30万円）としています。詳しくは各自治体の担当窓口やウェブサイトで確認してください。

知って得する！ お金と制度

●もらえるお金

治療１回につき上限**15万円**

（都道府県によって異なる、さらに自治体独自で助成制度を設けている場合もある）

●制度のポイント

体外受精と顕微授精の高度不妊治療が対象

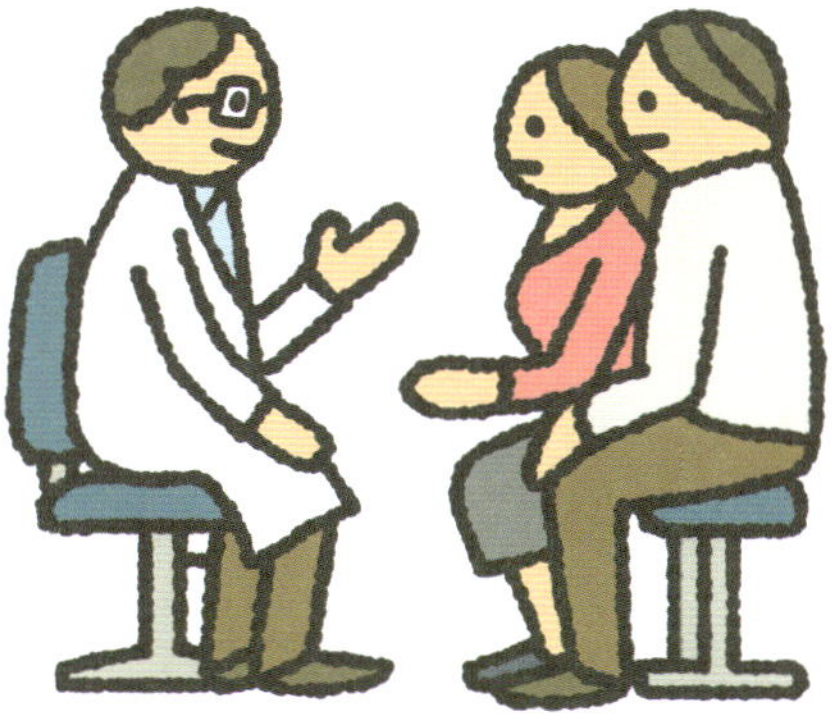

届け出ガイド

●もらえる人

・治療開始時に法律上の婚姻をしている夫婦
・特定不妊治療でしか妊娠の見込みがないか、極めて少ないと診断された夫婦
・夫婦の合算所得が730万円未満
・治療期間の初日における妻の年齢が43歳未満（43歳以上の人は対象外）

●手続きのポイント

・助成回数は、初めて助成を受けた際の治療開始日の妻の年齢が39歳以下であれば通算６回まで
・妻の年齢が40歳以上43歳以下であれば通算３回まで

出産育児一時金

出産費用が心配。助成はありませんか？

出産時には、分娩料だけでなく入院費や新生児管理保育料などもかかるため、まとまったお金が必要です。そこで、国民健康保険や会社の健康保険では、**出産育児一時金制度**を実施しています。支給額は、**子ども1人につき42万円**（妊娠週数が22週に達していないなど、産科医療補償制度対象出産ではない場合は、40万４０００円）です。妊娠４カ月以上であれば死産や流産も対象に含まれます。

加入している保険者に申請書等を提出すれば支給されますが、**現金を受け取れるのは出産後**。つまり、病院での支払いは一時的に立て替えなければなりません。

立て替えが難しい場合には、**出産育児一時金の医療機関等への直接支払制度**を利用しましょう。これは、保険者から直接、病院へ出産育児一時金が支払われる制度で、**42万円を超えた金額のみ、自分で支払い**ます。実際かかった出産費用が42万円未満の場合は、申請すれば差額が支給されることになります。病院の窓口で、出産育児一時金の申請・受け取りにかかる代理契約を結べば手続き完了です。ただし、直接支払制度を行っていない病院もあるので、事前に確認しましょう。

知って得する！ お金と制度

●もらえるお金

1児につき**42万円**（産科医療補償制度対象での出産）
（保険者によって付加金あり）

●制度のポイント

産科医療補償制度加入病院での出産が対象。
対象分娩の場合、領収・明細書に
右のようなスタンプが押される

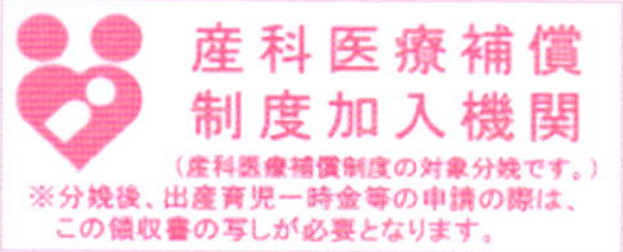

届け出ガイド

●もらえる人

・健康保険または国民健康保険に加入している人
・夫の健康保険の被扶養配偶者
・妊娠4カ月（妊娠日数85日）以上（死産・流産・中絶も対象）

●手続きのポイント

・「出産育児一時金」と「出産手当金」は、それぞれ条件に合えば両方受給できる
・直接支払制度を利用できる医療機関の場合、出産前に契約を結べば、出産育児一時金の請求と受け取りを妊婦に代わって医療機関が行い、窓口では42万円を超えた分のみ支払う。42万円未満の場合は、健康保険協会等に申請して差額を受け取れる
・会社を退職した場合、退職日までに継続して1年以上被保険者期間があり、退職日の翌日から6カ月以内の出産であれば、在職中の健康保険から出産育児一時金を受け取れる
・家族の扶養となっている場合、どちらか一方での受給となる

出産手当金

産休中は収入がゼロ!? 助成してくれる制度は？

出産のために産休期間に入ると、給与所得がなくなり家計を圧迫する原因になります。産休期間とは、出産日（出産が予定日より後になった場合は、出産予定日）以前42日（多胎妊娠の場合は98日）から出産日の翌日以降56日までです。

そこで各健康保険では、安心して産休中の生活を送るための**出産手当金**を支給しています。勤め先の健康保険に加入し続けている母親が対象で、**1日につき標準報酬日額の3分の2相当額が支給**されます。

契約社員や派遣社員、アルバイトやパート社員も支給対象になりますが、退職後に加入できる任意継続被保険者は支給されません。また、**夫の扶養に入っている場合や、国民健康保険の場合も対象外**です。

産休期間の範囲内で、実際に会社を休んだ期間分が支給となります。**産休中、会社から給与の一部が出ていても、出産手当金よりも少ない場合は、その差額を受け取ることができます**。医師に必要事項を記入してもらった申請用紙を、会社の担当部署に提出してください。会社から全国健康保険協会等へ手続き申請がされます。

知って得する！ お金と制度

●もらえるお金

標準報酬日額の平均額の**3分の2**（1日あたり）

●制度のポイント

産休中の給与支払いがなかった期間が対象。退職後（被保険者資格喪失後）でも給付が受け取れる場合がある

よくある質問

Q 出産予定日よりも遅れて出産した場合支給期間はどうなりますか？

⇒

A **遅れた期間はプラス支給されます**

（支給期間＝出産予定日前42日＋出産予定日から遅れた出産日までの日数＋産後56日）

Q 出産を機に会社を退職すると、出産手当金の受給資格はなくなる？

⇒

A **条件を満たせば、支給を受けられます**

1）被保険者の資格を喪失した日（退職日）の前日までに継続して1年以上の被保険者期間がある

2）資格喪失時に出産手当金を受けているか、または受ける条件を満たしている

※退職日に出勤したときは、継続給付を受ける条件を満たさないために資格喪失後（退職日の翌日）以降の出産手当金は受け取れません

産前産後休業保険料免除制度

産休中の社会保険料はどうしたらいい？

出産前後（産前42日［多胎妊娠の場合は98日］、産後56日）は、労働基準法で会社を休む権利が認められています。また産後は、法律によって6週間は必ず休まなければいけないとされています。

しかし、産休中の給与については会社に裁量があるため、無給のケースが多くなります。この間の負担を減らすために**産前産後休業保険料免除制度**があります。これは、産休開始月から終了予定日の翌日の月の前月（産休終了日が月の末日の場合は産休終了月）の期間の**健康保険料や厚生年金保険料を免除**してくれる制度。たとえば、5月31日まで産休で6月1日から職場復帰をした場合は、産休開始月から5月分までの保険料が免除されます。産休中の給与の有無は関係ありません。

また、2019年2月以降の出産から、**国民年金保険料の免除制度**も始まりました。これは、国民年金第1号被保険者について、出産予定月の前月（多胎妊娠の場合は3カ月前）から出産予定月の翌々月までにかかる保険料が免除されるというものです。これらの免除期間中も年金保険料を収めた期間として扱われるので、**将来の年金給付が不利になることはありません。**

知って得する！ お金と制度

●得するお金

産休中の健康保険・厚生年金保険の保険料、一部の国民年金保険料が**免除**（納付期間として扱われる）

●制度のポイント

保険料の免除期間も被保険者資格に変わりはないので、将来、年金等の給付が不利になることはない

届け出ガイド

●もらえる人

・健康保険・厚生年金保険の被保険者で、実際に産休を取っている人（有給・無給にかかわらない）
・国民年金保険の場合は、第1号被保険者

●手続きのポイント

・勤務先を通じて産前産後休業取得者申出書を年金事務所へ提出する。産休中であればいつでも申請可能だが、出産予定日と出産日がずれた場合などは別途、変更（終了）届が必要になるので、出産後かつ産休期間中に申請すると手続きが一度で済む
・出産日が予定日よりも遅れた場合は、その日数分もプラスされる
・国民年金保険料の免除は、居住地の国民年金窓口に申請書を提出する

育児休業給付金

育児休業の間収入がなくなるのが不安

育児休業とは、子育てと仕事の両立を支援する**育児・介護休業法**で定められ、産後休業の後から子どもが1歳に達するまでの休業が認められています。その間、申請すれば**育児休業給付金**が受給できます。出産育児一時金や出産手当金は健康保険から支給されますが、この育児休業給付金は**雇用保険から支給**されるため、父親にも権利があります。さらに夫婦ともに休業する場合（パパ・ママ育休プラス）は、休業可能期間が出生から1歳2カ月までに延長されます（保育所に入所できない場合や養育予定だった配偶者が死亡、病気などで養育困難になった場合は2歳に達するまで延長可能）。

ただし、対象となるにはいくつか条件があります。まず、**雇用保険に加入していること**が前提で、育休開始の2年以内に11日以上勤務している月が12カ月以上あり、育休開始前の給与の8割以上が支払われていない、育休中の就業日数が1カ月のうち10日以内、または80時間以下であることが必要です。このため、雇用保険に加入していない自営業やフリーランスの人は給付を受けられませんが、雇用保険に加入して条件を満たしていれば、パートでも支給の対象となります。

知って得する！ お金と制度

●もらえるお金

育児休業の開始から180日間は休業開始前の賃金の約**67%**
181日以降は約**50%**

●制度のポイント

・180日間（67%）の育児休業給付金の上限は月額30万4,314円
・181日以降（50%）の上限は月額22万7,100円
（いずれも2020年4月時点）

■育児休業と育児休業給付金の取得例

給付金がもらえるのは育児休業開始日から子どもが1歳に達するまでの間だが、保育所に入所できないなどの理由で育児休業が延長された場合は、給付金の受給も延長可能となる（ただし、復職することが前提）

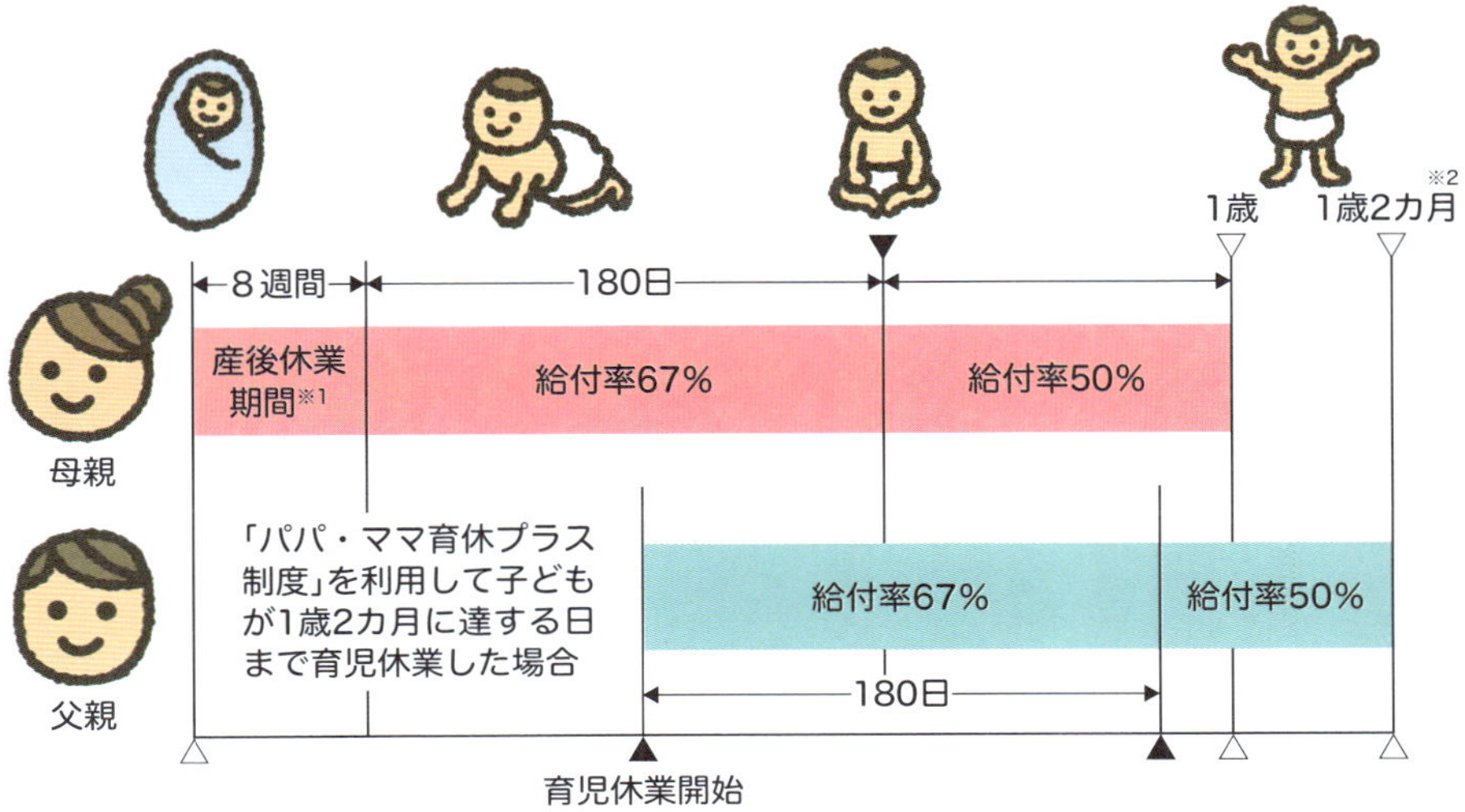

※1 母親は、産後休業（出産日の翌日から8週間）は、育児休業給付金の対象期間ではない。ただし、父親は出産時より育児休業の取得、育児休業給付金の受給が可能
※2 パパ・ママ育休プラスは1歳2カ月まで、保育所に入所できない場合は2歳まで延長可能。詳細はウェブサイト等で確認のこと

育児短時間勤務制度・所定外労働の免除制度

子どものために帰宅時間を早めたい…

仕事と育児の両立を促進するために、育児・介護休業法では、**育児短時間勤務制度**を定めています。これは、3歳に満たない子どもを養育している従業員が、希望すれば勤務時間を短縮できる制度です。勤務時間を**原則6時間**まで短縮できて、会社はこの短時間制度を就業規則などに盛り込むことが義務づけられています。母親だけでなく父親にもこの権利が認められています。

ただし、雇用期間が1年に満たない従業員や1週間の労働日数が2日以下の従業員などは、この制度の対象外になる場合があります。

また、短時間勤務制度とは別に、**所定外労働の免除制度**もあります。これは、所定労働時間、つまり就業規則で定められた定時外の残業は免除（制限）されるという制度です。対象は、3歳に満たない子どもを養育する従業員です（男女とも日々雇用者は除く）。なお、会社によっては法定以上の制度導入をしている場合もあります。

一般的に制度の利用では、期間（1回の申請につき、通常は1カ月以上1年以内）を明記して、開始予定日の1カ月前に会社に申請します。事前に会社の就業規則等を確認しておくようにしましょう。

知って得する！ お金と制度

●制度のポイント

・子どもが３歳になるまでは、希望すれば勤務時間を原則6時間に短縮可能
・母親だけでなく、父親も勤務時間を短縮できる

■育児短時間勤務制度を利用するある母親の１日

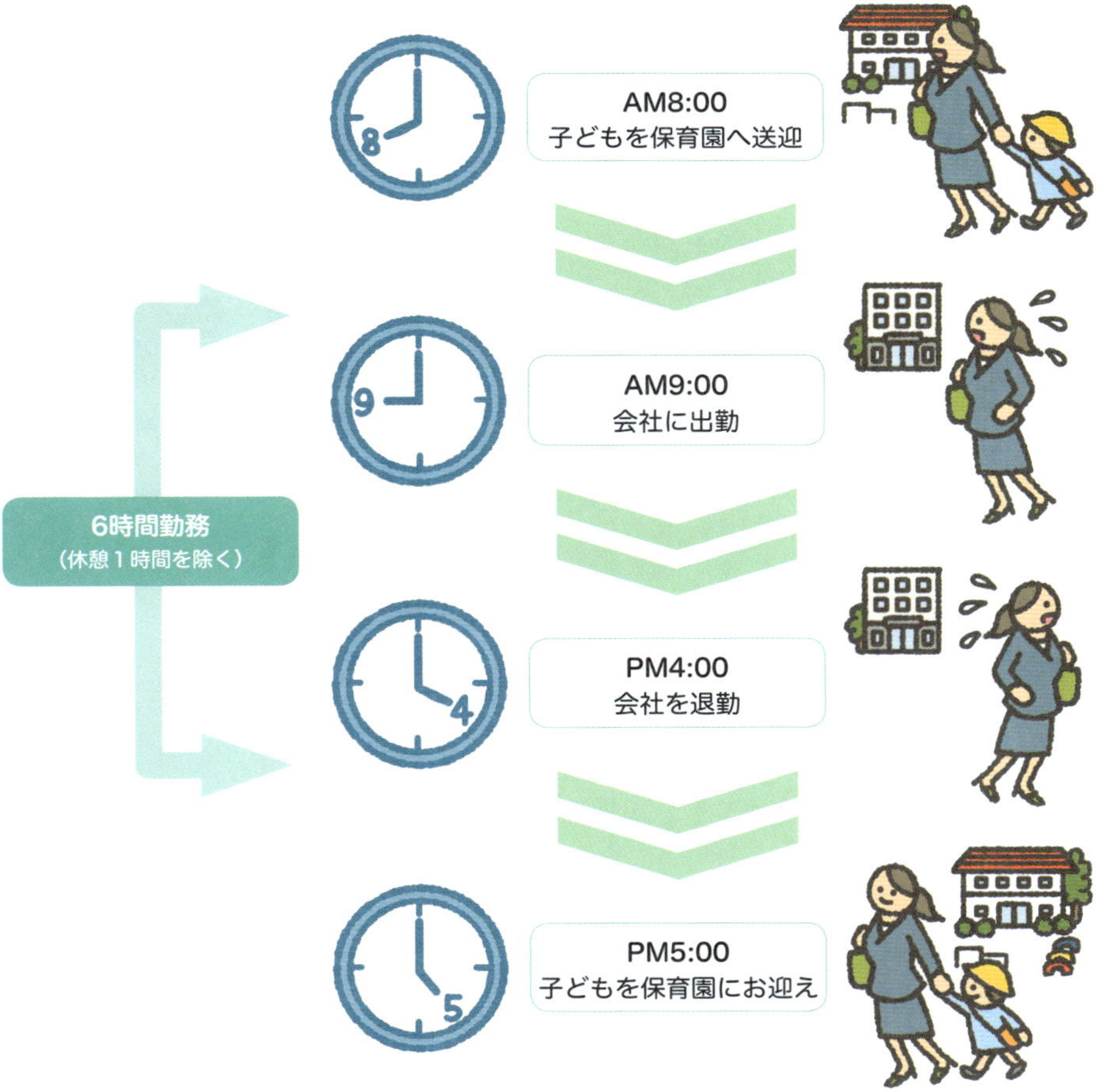
8
AM8:00
子どもを保育園へ送迎
9
AM9:00
会社に出勤
6時間勤務
（休憩１時間を除く）
4
PM4:00
会社を退勤
5
PM5:00
子どもを保育園にお迎え

看護休暇

子どもの健診で会社を休めますか？

育児・介護休業法では、子どもを健診等に連れていく目的での休暇が、年次有給休暇とは別に取得できます。**「子の看護休暇」**は、小学校就学前の子どもを養育する労働者を対象に、病気やケガをした子どもの看護または予防接種・健康診断を受けさせるための休暇を意味しています。

子どもの病気やケガは急で早退が必要なことも多いうえ、予防接種や健診などは半日ですむため、2017年より休暇が取得できるのは、**子どもが1人なら年に5日まで、2人以上なら年に10日まで、半日**（所定労働時間の2分の1）**単位での取得も可能**となりました。2021年1月からは、**時間単位で取得**できるようになります。

子の看護休暇は法律で定められていますが、**有給か無給かは会社によって異なります。**本人が事業主に申し出る必要はありますが、配偶者が専業主婦（主夫）であっても、取得に問題はありません。ただし、勤続6カ月未満の労働者および週の所定労働日数が2日以下の労働者は除外される可能性があります。また、従業員が看護休暇を申し出たことを理由に、事業主が解雇や降格、減給など、労働者に不利益となる行為は禁止されています。

知って得する！ お金と制度

●取得できる休暇の日数

・子どもが１人　**年に５日**まで
・２人以上　**年に10日**まで

●制度のポイント

・病気・ケガをした子どもの看護または予防接種・健康診断を受けさせるための休暇を取ることができる
・半日（所定労働時間の２分の１）単位での休暇取得も可能
・2021年1月からは、時間単位での取得も可能。１日の労働時間に関係なく、すべての人が取得できるようになる

届け出ガイド

●得する人

・小学校就学前の子どもを養育する人
（勤続６カ月未満の労働者および週の所定労働日数が２日以下の労働者は除外される可能性がある）

●対象となる子の範囲

・看護休暇・育児休業ともに、法律上の親子関係がある実子・養子
・特別養子縁組の監視期間中の子
・養子縁組里親に委託されている子

乳幼児医療費助成制度

赤ちゃんの医療費も、大人と同じ3割負担ですか？

免疫力の低い乳幼児は、麻疹《はしか》や水ぼうそうなどの病気にかかりやすいほか、ベビーカーやベッドからの転落など思わぬケガも多く、病院に行く頻度も高くなりがちです。未就学児の医療費負担は2割ですが、各自治体ではさらに乳幼児を持つ家庭を助成しようと、**乳幼児医療費助成制度（乳幼児・小中学生医療費助成制度）**を設けています。

対象は**国民健康保険や会社の健康保険に加入している乳幼児**で、生活保護を受けていたり、児童福祉施設等に入所していたりする場合は対象外となります。また、所得制限を設けている自治体もあります。

対象年齢は、0～6歳、あるいは0歳～中学生までなど自治体によって差があり、助成金額も全額助成や一部助成など異なります。

助成を受けるには、役所や役場で申請するともらえる乳幼児医療証（東京都では**「マル乳医療証・マル子医療証」**という）を病院の窓口に提出する方法か、いったん医療費を支払った後で請求する方法があります。各自治体によって助成対象外の項目があるので、自治体のウェブサイトや窓口で事前に確認しておきましょう。

知って得する！ お金と制度

●得するお金

子どもにかかる医療費の自己負担分の
全額、あるいは一部を助成

●制度のポイント

乳幼児医療証の提出か事後申請で助成を受けられる

届け出ガイド

●もらえる人

国民健康保険や会社の健康保険に加入している、対象年齢の子ども

●対象になるもの

・各自治体が医療保険の対象としている医療費、薬剤費　など

●対象とならないもの

・健康診断、予防接種、薬の容器代、差額ベッド代、紹介状を持たずに受診した200床以上の病院の初診料　など
・ほかの公費医療で助成される医療費（各自治体によって異なる）
・自治体によっては、高額療養費などは対象外であったり、所得制限を設けていたりする場合がある

●手続きのポイント

乳幼児も健康保険証が必要になるので、出産後すみやかに保険加入手続きを行う

児童手当

育児に何かと入用です。何か手当はないですか？

児童の健全な育成を目的に厚生労働省が実施しているのが**児童手当**です。これは、**日本国内に住む0歳〜中学卒業までの児童**を養育している人が支給対象となります。父母が離婚協議中などで別居している場合は、児童と同居している人に支給されます。

金額は、**0〜3歳未満が月額1万5000円、3歳〜小学校修了までは月額1万円**（第3子以降は1万5000円）、**中学生は月額1万円**で、毎年6、10、2月にそれぞれの前月までの4カ月分がまとめて支払われます。

ただし、収入によって制限があります。たとえば**扶養家族が3人いる場合は、年間で960万円が制限額**となり、それ以上の収入がある場合は、年齢に関係なく子ども1人につき月額5000円になります。

児童手当を受給すると、毎年5月末か6月初頭に各市区町村から現況届が届くので、受給者本人や配偶者の所得などを記入して6月末日までに提出してください。提出を忘れてしまうと6月分以降の児童手当がもらえなくなってしまうことがあるので、注意しましょう。

知って得する！ お金と制度

●もらえるお金

子どもの年齢に応じて**1万〜1万5,000円**（所得による上限あり）

●制度のポイント

もらえる期間は、子どもが中学校を卒業するまで

よくある質問

Q 引っ越ししたときは、何か手続きが必要ですか？

⇒

A **転出した日の翌日から15日以内に転入先の市区町村に申請が必要です**

15日を過ぎて申請した場合は、原則として、遅れた月の手当が受け取れなくなります

Q 第3子以降という条件に、成人した子どもは含まれますか？

⇒

A **含まれません。18歳に達してから最初の3月31日を迎えるまでの児童の人数を数えます**

16〜18歳の子どもは頭数には入りますが、手当は中学校卒業までなので支給はありません

児童扶養手当・特別児童扶養手当

一人で育児することに。経済面的に不安です

児童手当に加えて、ひとり親家庭には、**児童扶養手当**が支給されます。父母が離婚している、または父母のいずれかが死亡しているなどの条件に該当する児童（18歳に達する日以後の最初の3月31日まで、または心身に一定以上の障害がある場合は20歳未満までの子ども）を養育している親が対象で、全部支給であれば**月額4万3160円**、一部支給は**月額1万180円〜4万3150円**です。

また、子どもが複数人いる場合、2人目は1万190円を上限、3人目以降は1人につき6110円を上限に月額加算されます（2020年4月〜）。

児童手当とは別の制度なので、条件に該当すれば、両方の制度から手当が支給されます（2017年4月より物価スライドが適用）。

この制度とは別に**特別児童扶養手当**という制度もあります。これは、**精神または身体に障害がある20歳未満の児童**を家庭で監護（監督保護）、養育している父母に手当が支給される制度です。障害等級が1級であれば、月額5万2500円、2級は月額3万4970円が支給されます（2020年4月〜）。**児童手当や児童扶養手当と併せて受給可能**です。

知って得する！ お金と制度

●もらえるお金

児童扶養手当の上限は**4万3,160円／月**
特別児童扶養手当は1級が**5万2,500円／月**

●制度のポイント

児童手当、児童扶養手当、特別児童扶養手当は
それぞれ所得制限があるが、併用が可能

■児童扶養手当の所得制限

扶養親族等の数	請求者本人		配偶者および扶養義務者／孤児等の養育者
	全部支給	一部支給	
0人	49万円	192万円	236万円
1人	87万円	230万円	274万円
2人	125万円	268万円	312万円
3人	163万円	306万円	350万円
4人	201万円	344万円	338万円
5人以上	1人につき38万円加算	1人につき38万円加算	1人につき38万円加算

注1）請求者本人の所得が「全部支給」の所得制限限度額以上の場合は、「一部支給」となる
注2）請求者本人の所得が「一部支給」の所得制限限度額以上の場合は、支給停止となる
注3）配偶者・扶養義務者・孤児等の養育者の所得が所得制限限度額以上の場合は、請求者本人の所得にかかわらず支給停止となる

■特別児童扶養手当の所得制限

扶養親族等の数	請求者本人		配偶者および扶養義務者	
	収入額	所得額	収入額	所得額
0人	642万円	459万6,000円	831万9,000円	628万7,000円
1人	686万2,000円	497万6,000円	859万6,000円	653万6,000円
2人	728万4,000円	535万6,000円	883万2,000円	674万9,000円
3人	770万7,000円	573万6,000円	906万9,000円	696万2,000円
4人	812万9,000円	611万6,000円	930万6,000円	717万5,000円
5人	855万1,000円	649万6,000円	954万2,000円	738万8,000円

障害児福祉手当

障害のある子どもに支援はありませんか？

障害がある児童を養育する家庭に対する助成は、前ページで紹介した特別児童扶養手当のほかにも**障害児福祉手当**があります。特別児童扶養手当が養育している親に対して支給されるのに対して、障害児福祉手当は**児童本人に支給**されるもので、条件に該当すれば、それぞれ両方の手当を受け取れます。

20歳未満で、精神または身体に重度の障害のある児童（身体障害者手帳1級か2級の一部。愛の手帳【療育手帳】であれば1度か2度の一部。もしくは、それらと同等の障害）が対象です。たとえば、補聴器を使っても、音声を識別できない、両眼の視力を足して0・02以下などの障害がある児童です。

ただし、**施設に入所していたり、障害を理由に公的年金を受け取っていたりする児童は対象に含まれません**。また、**所得制限**もあるので左ページを参考にしてください。手当は**月額1万4880円**です（2020年4月～）。

原則として2月、5月、8月、11月にそれぞれの前月までの3カ月分がまとめて振り込まれます。申請は各市区町村の障害福祉窓口や福祉事務所で行ってください。

知って得する！ お金と制度

●もらえるお金

月額**1万4880円**（2020年4月～）

●制度のポイント

児童手当、児童扶養手当、特別児童扶養手当と併用が可能

届け出ガイド

●もらえる人

20歳未満で、精神または身体に重度の障害のある児童（身体障害者手帳１級か２級の一部。愛の手帳［療育手帳］であれば１度か２度の一部。もしくはそれらと同等の障害）

●手続きの場所

各市区町村の障害福祉窓口、福祉事務所

●手続きのポイント

・障害児福祉手当は、認定を受けてから毎年2月、5月、8月、11月にそれぞれの前月分までが振り込まれる

・ただし、受給には所得制限があり、受給者かその配偶者、もしくは扶養義務者の前年の所得が下記に示す制限以上だと手当が受け取れない

扶養親族等の数	本人		配偶者および扶養義務者	
	収入額	所得額	収入額	所得額
0人	518万円	360万4,000円	831万9,000円	628万7,000円
1人	565万6,000円	398万4,000円	859万6,000円	653万6,000円
2人	613万2,000円	436万4,000円	883万2,000円	674万9,000円
3人	660万4,000円	474万4,000円	906万9,000円	696万2,000円
4人	702万7,000円	512万4,000円	930万6,000円	717万5,000円
5人	744万9,000円	550万4,000円	954万2,000円	738万8,000円

自立支援教育訓練給付金

母子家庭の母です。稼げる資格を得たい！

ひとり親家庭の自治体助成はおおむね手厚く、児童扶養手当や医療費助成制度だけでなく、就業するための教育訓練講座を受講するときの費用も一部助成しています。

この**自立支援教育訓練給付金**は、厚生労働省と都道府県などが協力して、ひとり親家庭の経済的な自立を支援する制度で、対象教育訓練を受講して修了した場合、**経費の60％（1万2001円以上で就学年数×20万円、最大80万円が上限）**が支給されます。雇用保険の教育訓練給付金を受給できる場合は、その支給額との差額支給となります。

支給には、児童扶養手当の支給を受けているか同等の所得水準にある、適職に就くために教育訓練が必要であると認められるなどの条件がありますので、自治体の窓口で相談してください。対象の教育訓練講座は、厚生労働省のウェブサイトに**厚生労働大臣指定教育訓練講座**の検索システムがあるので参考にするとよいでしょう。

なお、看護師、介護福祉士、保育士、歯科衛生士、理学療法士などの資格取得のために1年以上、養成機関で修業する場合は、**高等職業訓練促進給付金**が支給されます。

知って得する！ お金と制度

●もらえるお金

自立支援教育訓練給付金

1万2,001円以上、
（上限）就学年数×20万円（最大80万円）
（対象教育訓練の経費の60％）

高等職業訓練促進給付金

・市町村民税非課税世帯　→　月額 10万円　（上限）4年間
・市町村民税課税世帯　→　月額　7万500円　（上限）4年間

●制度のポイント

・自立支援教育訓練給付金の支給は教育訓練修了後。
・高等職業訓練促進給付金の支給は修業期間中。高等職業訓練修了後には、市町村民税非課税世帯は５万円、市町村民税課税世帯には２万5,000円の給付金が支給される（支給条件等は自治体に要確認）

届け出ガイド

●もらえる人

・ひとり親家庭で20歳に満たない子どもを扶養していること
・児童扶養手当の支給を受けているか同等の所得水準にあること

自立支援教育訓練給付金

・就業経験、技能、資格の取得状況や労働市場の状況などから判断して、当該教育訓練が適職に就くために必要であると認められること

高等職業訓練促進給付金

・養成機関で１年以上修業し、対象資格の取得が見込まれること
・仕事や育児と修業の両立が困難であること

●手続きの場所

市区町村の児童（ひとり親家庭）福祉主管課

●必要な書類

自立支援教育訓練給付金事業受講対象講座指定申請書、母子父子家庭の母・父および児童の戸籍謄本または抄本、世帯全員の住民票の写し、児童扶養手当証書の写しなど

就学援助制度

家計が苦しくて子どもの学費を支払えない

小中学校は義務教育とはいえ、学校生活を送るために、学用品・制服・給食・校外活動・修学旅行など、さまざまな費用がかかります。

経済的に恵まれない家庭に対して、**学校教育法**では「経済的理由によって、就学困難と認められる学齢児童または学齢児童生徒の保護者に対しては、市（区）町村は、必要な援助を与えなければならない」と定めており、各自治体ではさまざまな**就学援助**を行っています。

経済的に恵まれない家庭とは、**生活保護を受けている家庭、地方税の減免や非課税措置を受けている家庭**などです。

実際にこの援助制度を利用している家庭は多く、文部科学省の公表によると、要保護児童生徒数（生活保護を受給しているか必要とする状態にある生徒）で約11万人、それに準ずる準要保護児童生徒数は約126万人（2018年）となっています。

各自治体によってその援助内容は異なりますが、主なものは左ページを参考にしてください。

援助の申請は、新学期開始後に配布される申請書で行います。また、提出先は学校か教育委員会で、申請は毎年度必要です。

知って得する！ お金と制度

●もらえるお金

学用品費や修学旅行費などの補助（各自治体によって異なる）

●補助対象品目

学用品費／体育実技用具費／新入学児童生徒学用品費等／通学用品費／通学服および運動衣費／通学費／クラブ活動費／生徒会費／ PTA会費／卒業アルバム代／医療費（学校の健康診断等で学校保健安全法に定められた疾病にかかり治療の指示を受けた児童・生徒の保護者に対して、その治療に要する費用の援助を行う）／学校給食費／特別支援学級に在籍または通級している者の交通費／宿泊をともなう校外活動費／宿泊をともなわない校外活動費／修学旅行費および支度品費　など(各自治体によって異なる)

届け出ガイド

●もらえる人

生活保護を受けている家庭、地方税の減免や非課税措置を受けている家庭

●手続きの場所

学校または教育委員会

●必要な書類

新学期開始後に配布される申請書、印鑑（スタンプ印不可）、振込口座情報、マイナンバーカードまたはマイナンバー確認書類・顔写真付きの身分証明書など（各自治体により異なる）

●手続きのポイント

申請は毎年度必要

子ども向け共済

子どものケガや病気に備えたい

子どものケガや病気で入院や通院となったとき、また第三者にケガをさせてしまったなどの損害賠償等、万が一の保障に備えられるのが**子ども向け共済**です。共済とは自治体や非営利団体が運営しているもので、特定の市区町村に居住する人や特定の職業に就いている人向けの制度です。生命保険会社の保険商品と似ていますが、共済事業は、**相互扶助の精神に則った組合員の助け合いを目的とした非営利事業**ですので、一般的に保険商品よりも安い掛金で保障が受けられます。

知って得する！ お金と制度

●もらえるお金

死亡・重度障害保障	100万～800万円
入院保障	日額5,000～1万円
	(加入団体によって異なる)

●制度のポイント

一般に生命保険会社の保険商品よりも安い共済掛金（月々900～1,000円程度）で保障を受けられる

(加入年齢や満期年齢によって変わる)

●主な団体

・全労済(全国労働者共済生活協同組合連合会)
・ＪＡ全農（全国農業協同組合連合会）
・コープ（日本生活協同組合連合会）など

第5章

住宅・暮らし

住宅ローン減税制度

住宅の購入に優遇制度はありませんか？

住宅ローンを使って家を購入したときに、その金利負担を軽減するために実施されているのが**住宅ローン減税制度**です。具体的には、**毎年度末の住宅ローン残高か住宅の取得対価のうち、どちらか少ないほうの金額の1％が10年間、所得税から控除される制度**です。消費税が10％に引き上げられた2019年10月以降は、2020年12月末までに居住した場合に限り、控除期間が延長されて13年間となります。

毎年の控除額上限は40万円（購入価格4000万円）ですが、長期優良住宅・低酸素住宅の場合の上限は50万円（購入価格5000万円）です。

住宅ローン減税は、新築に限らず**中古物件も対象**です。さらに**増築や修繕、省エネ・バリアフリー改修なども、100万円以上の工事であれば対象**になります。ただし、新築でもリフォームでも減税を受けられる要件があります（左ページ）。リフォーム減税など、ほかの制度との併用はできないので、注意が必要です。

なお、申請は住宅ローンを借り入れている人が**個人単位**で行います。世帯単位ではないので気をつけてください。

知って得する！ お金と制度

●もらえるお金

住宅ローン残高か取得対価のうち、少ない金額の１％が**10年間控除**
（2020年12月31日までに入居した場合は、13年間控除）

●制度のポイント

中古住宅や増築・リフォームなども対象となる

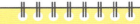

届け出ガイド

●もらえる人

・自分の居住用であり、取得日（工事日）から6カ月以内に入居している人
・床面積50㎡以上の新築・中古住宅の購入、または増改築を行った人
・合計所得金額が3,000万円以下の人
・ローン返済期間が10年以上ある人
・中古住宅は、築20年以内または25年以内の耐火建築物または一定の耐震基準をクリアしていること

●必要な書類

住民票の写しや住宅ローン残高証明書、登記事項証明書、不動産売買契約書や工事請負契約書のコピーなど

●手続きのポイント

申請は、翌年の確定申告時に税務署で行うか、年末調整での申告も可能
（インターネットによる申請も可）
※詳しくは財務省や国税庁のウェブサイト等で確認する

団体信用生命保険

夫が死亡や事故に遭ったら、住宅ローンはどうなる？

住宅ローンを借りている人が亡くなったり高度障害になったりした場合に、住宅ローンの残額を代わりに支払ってくれる保険が**団体信用生命保険（団信）**です。ほとんどの場合、この団体信用保険に加入することが住宅ローンの貸付条件になっています。

一般的な生命保険とは違い、住宅ローンを組んだ銀行などの**金融機関が受取人**になります。保険料は一般的な生命保険よりも割安で、加入時年齢による保険料の差がないことが特徴です。保険金額は、支払いが生じた時点での住宅ローンの残額と同じで、つまり住宅ローンの残債が減るにつれて保険金額も減っていきます。

支給されるのは、**被保険者が死亡したときや、両眼の視力をまったく失った場合、言語または咀嚼の機能をまったく失った場合**などです。ただし、故意により高度障害状態になった場合や被保険者に詐欺行為があった場合など、審査によっては保険金が支払われないこともあります。

手続きは住宅ローンを組んだ銀行で行いますが、支払いの事由発生から3年間請求がない場合は請求権が消滅するので、注意が必要です。

知って得する！ お金と制度

●得するお金

住宅ローンの**残額**（肩代わりしてもらえる）

■団体信用生命保険の仕組み

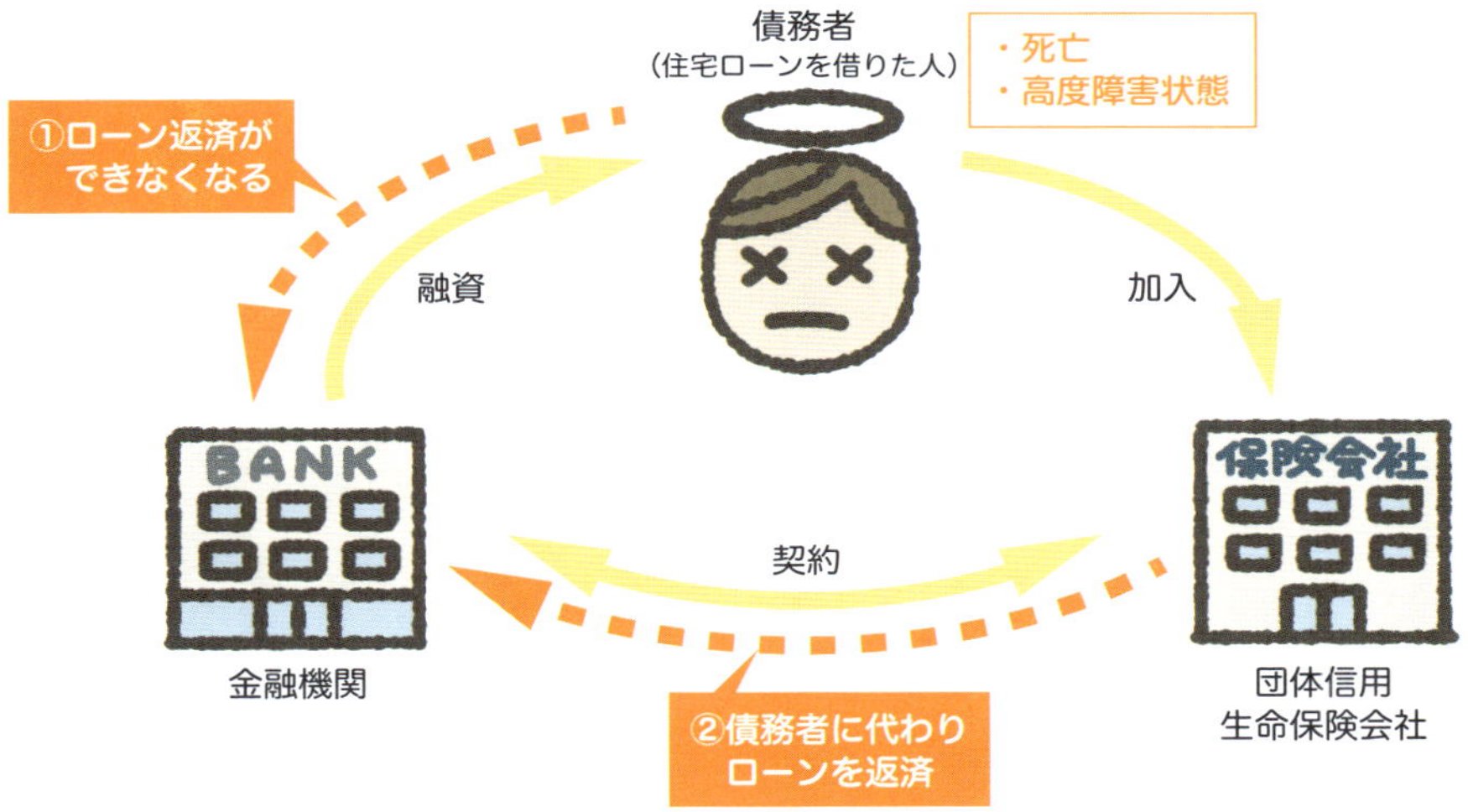

●制度のポイント

申込時に健康上の問題があると、加入できない場合もある

■団体信用生命保険の種類

死亡や高度障害以外にも、長期入院や治療が高額な病気にかかった場合などに備えて、通常の団体信用生命保険のほか、3大疾病保障付きや8大疾病保障付きなど、特約付きの団信が数多く出ている

	団体信用生命保険	3大疾病保障付団信	8大疾病保障付団信
保険料	ほとんどの場合、ローン金利に含まれている	住宅ローン金利に0.3％前後上乗せ	年齢やローン残高に応じて別途保険料がかかる
保障対象	死亡、高度障害	死亡、高度障害、がん、脳卒中、急性心筋梗塞	死亡、高度障害、がん、脳卒中、急性心筋梗塞、高血圧性疾患、糖尿病、慢性腎不全、肝硬変

すまい給付金

そろそろ住宅の購入を検討したいけれど…

住宅などの大きな買い物は、金額が大きい分、家計の負担も大きくなります。その負担を緩和してくれるのが**すまい給付金**です。これは、消費税増税に伴う期間限定の措置で、**2021年12月までに入居完了**している人が給付の対象となります。

住宅ローン減税（154ページ）は所得税から控除されるため、収入が少ない人にとっては効果が小さかったのに比べ、すまい給付金は**収入が少ない人ほどメリットが大きいのが特徴**です。すなわち、収入が少ないほど給付額は多くなり、**最高支給額は50万円**です。

ただし、収入の目安が**775万円以下**の人が対象です。また、給付金額は、収入によって決まる**給付基礎額と不動産の持分割合**によって計算されます。たとえば、共働きの夫婦が持分を分けた場合、それぞれが申請し、持分に応じて給付を受けることになります。

そのほか、取得した住宅への居住が確認できること、床面積が50m^2以上、住宅ローンを利用しない場合のみ50歳以上の人、第三者機関の検査を受けた住宅などの条件があり、新築か中古か、あるいはローンの有無でも支給条件が変わります。

知って得する！ お金と制度

●もらえるお金

収入の目安	都道府県民税の所得割額※	給付基礎額
450万円以下	7万6,000円以下	**50万円**
525万円以下	9万7,900円以下	**40万円**
600万円以下	11万9,000円以下	**30万円**
675万円以下	14万600円以下	**20万円**
775万円以下	17万2,600円以下	**10万円**

※市区町村が発行する課税証明書（住民税非課税者の場合は非課税証明書）により確認する。給与所得者のいわゆる額面収入から、経費相当（給与所得控除）や世帯属性に伴う控除などの各種項目を控除した額に、都道府県民税率を乗じた額から調整控除の額を引いて算出

●制度のポイント

給付額は、住宅取得者の収入および持分割合によって決まる

届け出ガイド

●もらえる人

・住宅を購入し、2021年12月までに入居を完了している人

●必要な書類

・取得した住宅の登記事項証明書・謄本
・住宅の不動産売買契約書、または工事請負契約書
・住宅ローンを利用した場合、金銭消費賃借契約書
・取得した住宅への転居後の住民票の写し
・転居前の市区町村の個人住民税課税証明書

●手続きのポイント

・住宅取得者（持分保有者）それぞれが申請する
・取得した住宅に居住した後（1年以内)、すまい給付金申請窓口に申請する
・国土交通省が運営する「すまい給付金」のウェブサイト等で事前に確認を

特定優良賃貸住宅

家賃を抑えるためいい制度はありませんか？

公的な家賃補助がある住宅としては、低所得者向けの公営住宅がよく知られていますが、ほかにも**特定優良賃貸住宅**という中間所得者向けの住宅もあります。

これは、地方自治体や住宅供給公社が建設した建物、あるいはそれらの組織の補助を受けた民間業者が建てた住宅で、各自治体によって異なりますが、**家賃補助が受けられる物件や敷金・礼金不要**の物件があります。

ただし、家賃補助の期間に上限が設けられていたり、所得が増えると補助がなくなったりするなどの条件があり、また、家賃補助の額も自治体や物件によってさまざまですので、詳細は各自治体に確認してください。

この制度の目的は、**中間所得家族への良質な住居の供給**です。そのため物件は、**２ＬＤＫから３ＬＤＫなどのファミリー向け**のものが多く、駐車場や収納スペースなどの設備も充実しています。

なお入居には、夫婦や親子を主体とした家族であること、**月収が20万円以上60万１０００円以下**であることなどの条件があるので、自治体の窓口で確認してください。

知って得する！ お金と制度

●もらえるお金

家賃補助や敷金・礼金不要の物件がある（※各自治体によって異なる）

●制度のポイント

入居には収入の制限がある（毎年確認がある）

■特定優良賃貸住宅

特定優良賃貸住宅制度は、各自治体によって名称が異なり、たとえば東京都では都民住宅、あるいは、都市型民間賃貸住宅という名称で実施されている。

東京都の都民住宅・都市型民間賃貸住宅

大阪府の特定優良賃貸住宅

転居費用助成制度

引っ越し費用の助成はありませんか？

今より家賃の安い物件が見つかっても、転居するための費用が工面できなければ引っ越すことはできません。そのような場合は、引っ越し先や現在住んでいる自治体で、**転居費用助成制度**を設けていないか、自治体のウェブサイトなどで調べてみましょう。

たとえば東京都新宿区では、区内での転居の場合、引っ越し代の実費で**最大10万円が助成**され（引っ越し荷物の搬送を、引っ越し業者に依頼した場合に限る）、さらに転居後の家賃差額、月額最高3万5000円が2年間助成となります。

こうした転居費用助成制度を利用するには、いくつかの資格要件があり、多くは**扶養家族のいるファミリー世帯、老親と同居している、または同居する予定のある2世帯以上の家族であること**などとされています。また、**民間賃貸住宅に居住する予定であること**や、**世帯の総所得金額が一定の基準内であること**などを条件としている自治体もあります。詳細は、各自治体が開設している住宅部や都市計画課などに問い合わせてみましょう。助成の申請は引っ越し後、一定期間内に行う必要があるため、早めの確認が大切です。

知って得する！ お金と制度

●もらえるお金

最大**10万円**＋家賃差額助成**最大月額3万5,000円**
（※東京都新宿区の場合、諸条件あり）

●制度のポイント

自治体によって異なるため、引っ越し先と現住所の両方の自治体で確認する

届け出ガイド

●もらえる人

・扶養家族のいるファミリー世帯
・老親と同居、または同居予定のある２世帯以上の家族
・民間の賃貸住宅に居住予定がある
・世帯の総所得金額が一定の基準内である　など
（※各自治体によって異なる）

■転居費用助成制度

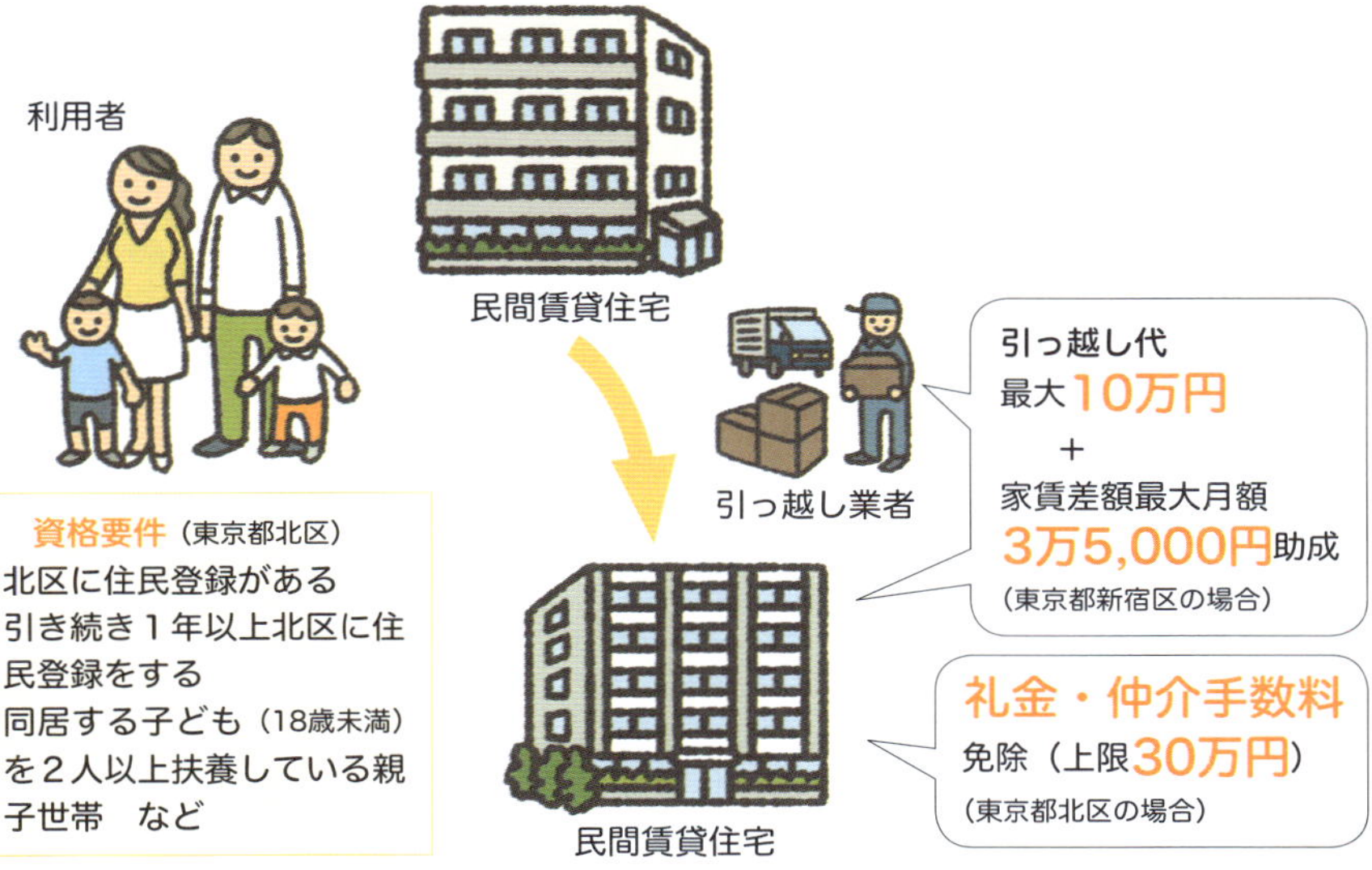

利用者
民間賃貸住宅
引っ越し業者
引っ越し代
最大10万円
＋
家賃差額最大月額
3万5,000円助成
（東京都新宿区の場合）
礼金・仲介手数料
免除（上限30万円）
（東京都北区の場合）
民間賃貸住宅

資格要件（東京都北区）
・北区に住民登録がある
・引き続き１年以上北区に住民登録をする
・同居する子ども（18歳未満）を２人以上扶養している親子世帯　など

サービス付き高齢者向け住宅制度（サ高住）

高齢者が安心できる住まいの制度はありますか？

今は自立した生活をしているが、そろそろ健康不安もあるという高齢者には、**高齢者住まい法**による**サービス付き高齢者向け住宅制度**があります。**「サ高住」**とも呼ばれるこの施設は、高齢者が安心して暮らせる**バリアフリー構造**です。

要介護度の高い人が入居する**介護付有料老人ホーム**と異なり、サ高住で義務づけられているサービスは、**安否確認と生活相談のみ**です。

低額で利用でき生活も自由ですが、介護サービスの提供がない分、**介護が必要になった場合には、外部の事業者を利用するか転居する**必要があります。もっとも、昨今は**介護サービス事業所を併設**しているところも多くなっています。

これらの**「一般型」**に対し、厚生労働省の**「特定施設」**の指定を受け、常駐するスタッフから介護サービスを受けられる**「介護型」**もあります。

サ高住は自治体に登録した事業者が運営するもので、基本的に入居者は**賃貸借契約**を結びます（介護型は利用権契約の場合もある）。費用は、**敷金・礼金などの初期費用と月額料金**（家賃・管理費・共益費・サービス利用料など）で、施設ごとに異なりますので確認するようにしましょう。

知って得する！ お金と制度

●制度のポイント

・事業者が、規模や設備の基準を満たした住宅を自治体に登録する
・住宅管理やサービスについて、行政の指導監督が行われる

届け出ガイド

●得する人

・60歳以上の高齢者
・要介護（要支援）認定を受けている60歳未満

●手続きのポイント

・自立した人向けの「一般型」と、施設職員の介護サービスがある「介護型」がある
・「一般型」では、介護が必要になった場合、外部の事業者を利用する必要がある
・基本的に賃貸契約だが、入居にまとまった金額が必要な利用権契約の場合もある。
・支払いについて、前払い式と月払い式がある
・「サ高住」は介護施設ではなく、「高齢者向け住宅」のため、将来的には介護施設への住み替えの可能性も検討する
（※施設ごとの契約内容を詳しく確認する）

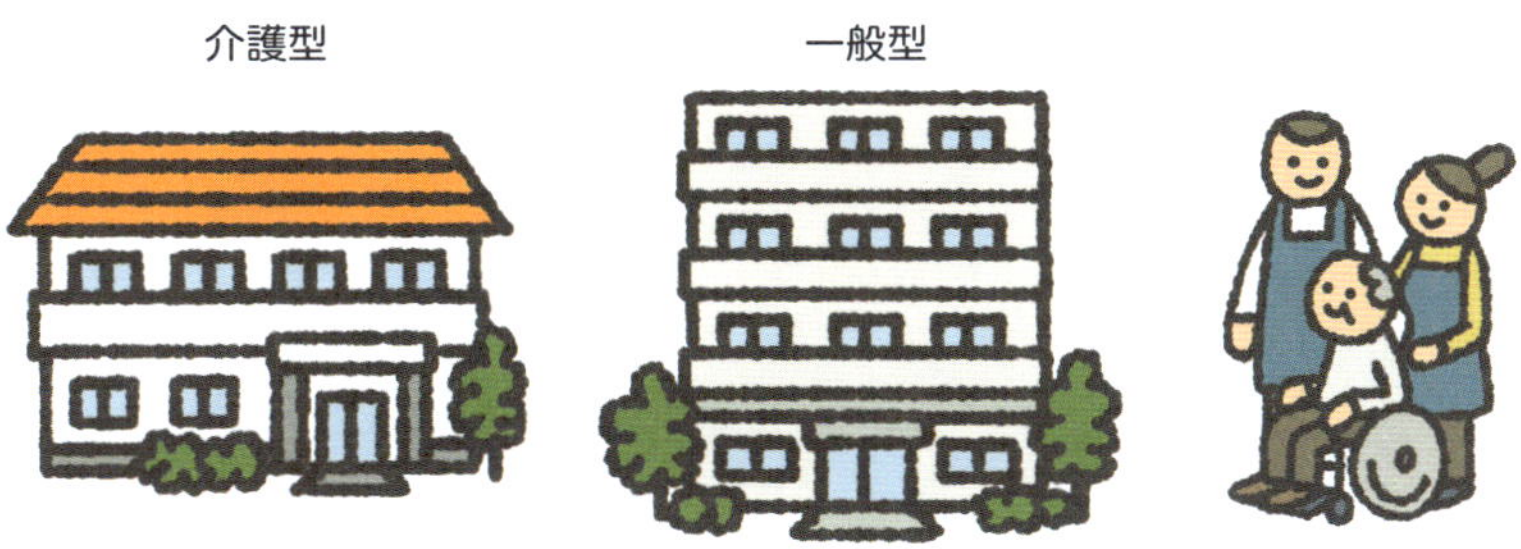

住宅リフォーム助成制度

家のリフォームにいい制度はありませんか？

良好な住環境を供給するために実施されている、**住宅リフォーム助成制度**。各自治体ではリフォームをした世帯に対して、その**経費の一部を助成**しています。

対象になる工事も助成金額も自治体によって変わりますが、おおむね、**バリアフリーのためのリフォーム**（トイレや浴室の手すり設置、室内の段差解消、ホームエレベーター設置、廊下や玄関を広げる改築など）、**エコ・省エネのためのリフォーム**（外壁・屋根の断熱、エコキュート・エネファームの設置、節水型トイレの設置など）、**アスベスト除去などのリフォーム**、**耐震性を補強するためのリフォーム**（168ページ）などがあげられます。

助成金額は、一律5万円にしている自治体や、工事内容によって上限を設けている自治体、あらかじめ全体の助成予算を組んでいて、その上限金額に達した時点で助成制度を終了する自治体などさまざまです。

また、この制度は地域の中小企業活性化も目的の一つであるため、**申請先の自治体にある施工業者で工事を行うこと**が条件になっている場合もあります。詳しくは自治体の窓口で確認しましょう。

知って得する！ お金と制度

●得するお金

一律5万円、アスベスト除去工事は**20万円**など

（※上限金額は自治体や工事内容によって異なる）

●制度のポイント

助成は1回までなど、回数制限を設けている自治体もある

届け出ガイド

●得する人

対象となるリフォームも助成の条件も、各自治体ごとに異なる

●手続きのポイント

申請は、工事前にリフォーム見積書や住宅のリフォーム前の写真などの必要書類を自治体の窓口に提出（必要書類は各自治体によって異なる）

■リフォーム例

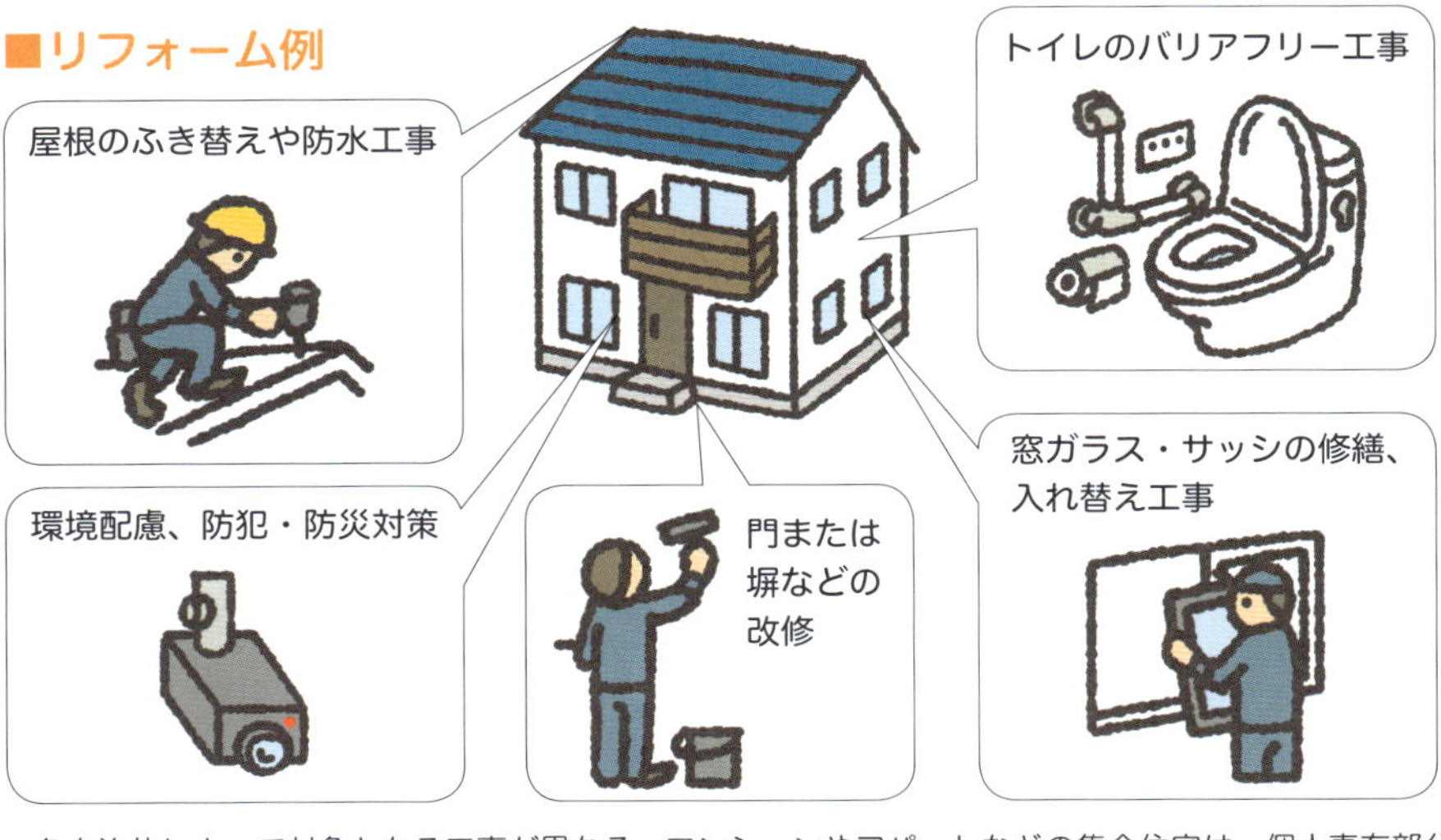
屋根のふき替えや防水工事
トイレのバリアフリー工事
環境配慮、防犯・防災対策
門または塀などの改修
窓ガラス・サッシの修繕、入れ替え工事

※各自治体によって対象となる工事が異なる。マンションやアパートなどの集合住宅は、個人専有部分に限られるケースが多いので注意する

耐震補強助成金

耐震工事費用が高く、工事を迷っています

地震による建物の破損や倒壊などを未然に防ぐため、各自治体では**耐震補強工事費の一部助成**を実施しています。多くの場合、木造建築や、1981年（昭和56）5月31日以前に工事着手した建物に限っています。それ以前の建物は旧耐震基準で建てられており、現在の耐震基準を満たしていない可能性があるからです。

建物構造にも自治体ごとの要件があり、多くは**木造軸組み工法・2階建て以下**が対象で、3階建て以上の住宅は助成の対象外となることがあります。

また、自治体によっては**耐震診断、耐震改修**も助成金の対象となる場合があります。

たとえば東京都中央区では、旧耐震基準の木造戸建てであれば、無料の簡易耐震診断や耐震補強工事費用の2分の1（限度額300万円）、旧耐震基準の分譲マンション（管理組合が申請者）であれば、耐震診断費用の3分の2（限度額200万円）、耐震補強工事費用の2分の1（限度額3000万円）の助成があります。申請は、工事の前に自治体の建築課構造係や市街地整備課などの担当窓口で行います。助成の対象や条件など、各自治体によって異なりますので、事前に確認してください。

知って得する！ お金と制度

●もらえるお金

上限300万円 （耐震補強工事費用）

（※東京都中央区、旧耐震基準の木造戸建ての場合）

●制度のポイント

木造住宅や築年数などで条件を設けている自治体が多い

■木造戸建て

対象
・木造建築
（木造軸組み工法、２階建て以下）
・1981年5月末以前に着工した建物
（旧耐震基準の建築物）

耐震補強工事費用の助成実費の2分の1
（上限300万円）

耐震診断・補強計画の全額助成

簡易耐震診断無料

高齢または心身に障害がある方がいる世帯は工事費全額（上限300万円）

■分譲マンション（1棟全体に対する助成）

対象
・1981年5月末以前に着工した建物
（旧耐震基準の建築物）

耐震診断助成
（診断費用の3分の2、上限200万円）

耐耐震補強工事費用の助成
（実費の2分の1、上限3,000万円）

（※東京都中央区の場合）

生ごみ処理機助成金

生ごみ処理機にも助成があるって本当？

自治体の負担軽減や環境保全の観点から、**家庭用生ごみ処理機**を購入する際に、自治体が購入費用を補助してくれる場合があります。

生ごみ処理機は、温風でごみを乾燥させて体積を減らし、微生物を不活性化する**「乾燥式」**と、微生物が有機物を分解して有機肥料をつくる**「バイオ式」**、両方の機能を併せもった**「ハイブリッド式」**があります。乾燥式は比較的コンパクトで室内にも設置でき、キッチンの悪臭対策にもなります。バイオ式は一般には屋外用で、処理したごみが堆肥になるので、家庭菜園やガーデニングを楽しむ人に向いているといえます。

ほかに、土の上に直接設置して堆肥をつくる**コンポスト化容器**もあります。これは、庭などにプラスチック製の円柱容器を埋め込んで、電力を使わずにごみを堆肥化する装置です。

こうした生ごみ処理機やコンポスト化容器は、性能や容量によって、**数千~5万円程度**と決して安価ではないため、自治体の助成制度は見逃せません。補助してくれる金額は各自治体ごとで異なりますが、**3万円を限度として、購入金額の半額程度**というところが多いようです。

知って得する！ お金と制度

●もらえるお金

購入金額の**50%**、上限**3万円**

（※各自治体によって条件は異なる）

●制度のポイント

自治体が指定する販売店で購入すると、販売店が本人に代わって申請してくれるところもある

届け出ガイド

●もらえる人

家電の生ごみ処理機、あるいは非家電のコンポスト化容器の購入をした人

●手続きのポイント

・助成金を申請する場合は、必ず事前に自治体の環境部やごみ対策課などの関連窓口で、制度の有無や助成対象、具体的な申請方法を確認すること

・申請時には、購入した店が発行する領収書（レシート）や保証書、振込口座番号を用意しておく必要がある

・詳細は各自治体ごとに異なる

■生ごみ処理機の種類

家電製品		非家電製品

乾燥式	バイオ式	コンポスト化容器
温風で生ごみを乾燥させて体積を減らし、微生物を不活性化。コンパクトなので、キッチンに設置可能	微生物が有機物を分解して有機肥料をつくる。乾燥式より大型で、屋外設置が一般的	庭の土の上などに直接設置して、堆肥をつくる。大型のものが多い

被災者生活再建支援制度

自然災害に遭った場合、何か支援制度はありますか？

暴風や豪雨、地震や津波、噴火などの自然災害によって**住宅が被害**に遭った場合、その修復には莫大な費用がかかりかねません。そのとき被災者を支援するのが**被災者生活再建支援制度**です。都道府県が拠出した基金を活用して、被災した住宅の補修費用を補助してもらえます。

ただし、対象となる自然災害と被災世帯について、支援されるための要件が詳しく決められています（左ページ参照）。

自然災害により**人的な被害**に遭った場合にもさまざまな支援が実施されています。**災害弔慰金**は、死亡した被災者の遺族（配偶者、子、父母、孫、祖父母）に支給されるもの。死亡者が生計維持者の場合は500万円、そのほかの場合は250万円が支給されます。**災害障害見舞金**は、災害による負傷や疾病が原因で精神や身体に著しい障害が出た場合に支給されます。生計維持者が重度の障害を受けた場合は250万円、そのほかは125万円が支給されます。

また、募金などによって集められた義援金を分配する**災害義援金**もあります。いずれも、各自治体ごとに支援の要件や支援額が異なります。

知って得する！ お金と制度

●もらえるお金

自然災害による住宅全壊等100万円、大規模半壊50万円など

●制度のポイント

国からの補助と都道府県の相互扶助により対応（全都道府県の拠出による基金から支援金を支給）

届け出ガイド

●もらえる人

- 10世帯以上の住宅全壊被害が発生した市区町村、100世帯以上の住宅全壊被害が発生した都道府県など
- 住宅が「全壊」「半壊」「居住が困難」な世帯

●手続きのポイント

- 基礎支援金と加算支援金の合計額が支給される
- 世帯人数が1人の場合は、各該当欄の金額の4分の3の額が支給される

■**基礎支援金**（住宅の被害程度に応じて支給）

住宅の被害程度	全壊	解体	長期避難	大規模半壊
支援額	100万円	100万円	100万円	50万円

■**加算支援金**（住宅の再建方法に応じて支給）

住宅の再建方法	建設・購入	補修	貸借（公営住宅以外）
支援額	200万円	100万円	50万円

※基礎支援金と加算支援金の合計額が支給される

た行

な行

は行

ま行

や行

ら行

さくいん

最新版《さいしんばん》 図解《ずかい》
「届《とど》け出《で》」だけでお金《かね》がもらえる制度一覧《せいどいちらん》

監　修——小泉正典（こいずみ・まさのり）
発行者——押鐘太陽
発行所——株式会社三笠書房
〒102-0072 東京都千代田区飯田橋3-3-1
電話：(03)5226-5734（営業部）
：(03)5226-5731（編集部）
https://www.mikasashobo.co.jp
印　刷——誠宏印刷
製　本——若林製本工場

編集責任者　本田裕子
ISBN978-4-8379-2828-7 C0030